O Banquete de Quarta-feira de Cinzas

Dados Internacionais de Catalogação na Publicação (CIP)
(Câmara Brasileira do Livro, SP, Brasil)

Bruno, Giordano, 1548-1600.
  O banquete de quarta-feira de cinzas / Giordano
Bruno ; tradução com introdução e notas por Sebastião
José Roque. -- São Paulo : Ícone, 2009.

  Título original: La cena de le ceneri
  "Descrito em cinco diálogos, por quatro
interlocutores, com três considerações sobre dois
assuntos para o único refúgio das musas.
O ilustríssimo Miguel de Castelnau,..."
  ISBN 978-85-274-1028-1

  1. Copérnico, Nicolau, 1473-1543 2. Ocultismo -
Obras anteriores a 1900 I. Roque, Sebastião José.
II. Título.

09-01145   CDD-501

    Índices para catálogo sistemático:

  1. Ciência : Filosofia   501

Giordano Bruno

O Banquete de Quarta-feira de Cinzas

Tradução com introdução e notas por
Sebastião José Roque,
Bacharel, mestre e doutor em Direito pela Universidade de São Paulo – Advogado e professor de direito
Presidente do Instituto Brasileiro de Direito Comercial "Visconde de Cairú"
Presidente da Associação Brasileira de Arbitragem – ABAR – Autor de 26 obras jurídicas
Autor do anteprojeto inicial de que resultou a Lei de Recuperação de Empresas

DESCRITO EM
CINCO DIÁLOGOS
POR
QUATRO INTERLOCUTORES,
COM
TRÊS CONSIDERAÇÕES
SOBRE DOIS ASSUNTOS

PARA O ÚNICO REFÚGIO DAS MUSAS.
O ILUSTRÍSSIMO
MIGUEL DE CASTELNAU,
Senhor de Mauvissi, Concressalto e de Joinville. Cavaleiro da Ordem do Rei, Cristianíssimo e
Conselheiro no seu Conselho Privado, Capitão de cinquenta homens armados,
governador e Capitão de São Desidério e Embaixador junto à Seseríssima
Rainha da Inglaterra

A intenção universal é declarada no prefácio.
1584

Ícone editora

© Copyright da tradução – 2009
Ícone Editora Ltda.

Conselho Editorial
Dorival Bonora Jr.
Cláudio Gastão Junqueira de Castro
Vinícius Cavalari
Neusa Dal Ri
Marcos Del Roio
José Luiz Del Roio
Tereza Isenburg
Ursulino dos Santos Isidoro
Diamantino Fernandes Trindade
Marcio Pugliesi

Tradutor
Prof. Sebastião Roque

Capa e Diagramação
Rodnei de Oliveira Medeiros

Revisão
Rosa Maria Cury Cardoso

Proibida a reprodução total ou parcial desta obra, de qualquer forma ou meio eletrônico, mecânico, inclusive através de processos xerográficos, sem permissão expressa do editor. (Lei nº 9.610/98)

Todos os direitos reservados pela
ÍCONE EDITORA LTDA.
Rua Anhanguera, 56 – Barra Funda
CEP: 01135-000 – São Paulo/SP
Fone/Fax.: (11) 3392-7771
www.iconeeditora.com.br – iconevendas@iconeeditora.com.br

ÍNDICE

Para os insatisfeitos,

A Vida de Giordano Bruno,

    As Obras de Giordano Bruno,

        Cronologia da Vida de Giordano Bruno,

Epístola inicial,

    O tema do Primeiro Diálogo,

    O tema do Segundo Diálogo,

    O tema do Terceiro Diálogo,

    O tema do Quarto Diálogo,

    O tema do Quinto Diálogo,

Primeiro Diálogo,

Segundo Diálogo,

Terceiro Diálogo,

Quarto Diálogo,

Quinto Diálogo,

PARA O INSATISFEITO

 Se você for perfurado pelo meu dente canino,
pobre de você, bárbaro cão,
que me mostra em vão seu ferro e bastão,
se você não se cuida ao me dar desprezo.
 Porque de forma indigna você me tratou,
mas tua pele eu puxo e o desnudo;
e ainda que meu corpo vá ao chão,
seu ato infame ficará gravado no diamante.
 Não vá nu roubar o mel;
não morda se não souber se é pão ou pedra.
não caminhe descalço numa semeadura de espinhos.
 Não despreze a teia de aranha se você é um inseto;
fuja da raposa, se for galinha.
 Creia no Evangelho,
que diz com devoção:
quem tiver jogado a semente dos erros nos campos
recolherá o castigo.

A VIDA DE GIORDANO BRUNO

Giordano Bruno nasceu com o nome de Filippo, tendo adotado o nome de Giordano em 1556 quando entrou no seminário da Ordem dos Dominicanos e ficou conhecido com o nome do seminário. Nasceu em 1548, na cidade de Nola, junto a Nápoles e ao vulcão Vesúvio. Era filho de um militar. Foi ordenado sacerdote aos 24 anos, em 1572, e doutorou-se em filosofia e teologia no Convento Dominicano em 1575.

Nada tranquilo foi o seu curso no seminário. Espírito inquieto, agudo, rebelde, personalista e independente, refletiu seu gênio em suas ideias, numa época de intolerância e resistência a novas ideias. Suas teorias, próprias de uma mente irrequieta e independente, chocaram os vetustos mestres do Convento. Além disso, lia e comentava as obras de filósofos humanistas do pensamento, como Erasmo de Roterdã, leituras sabidamente proibidas pela Igreja.

O ambiente contra ele tornou-se insuportável; as censuras e admoestações de seus superiores eram recebidas de forma jocosa e demonstrava o ridículo das ideias de seus colegas. Ante esse ambiente hostil, foi transferido, no início de 1576, para o Convento Dominicano Minerva, em Roma. Logo sofreu várias acusações e processos, até mesmo de assassinato, que ele recebeu com ironia e mantinha-se em suas ideias. Foi considerado caso perdido e neste mesmo ano teve que abandonar a vida religiosa e a Congregação Dominicana.

Começou em 1576, com 28 anos de idade, sua peregrinação pelo mundo. A princípio pelo norte da Itália, mas em 1578 fixou-se na Suíça, na cidade de Genebra, terra de Calvino e dominada pela fanática religião calvinista, chamada de Igreja Reformada. Pensou que estaria livre da perseguição católica, mas o calvinismo era ainda mais intolerante do que o catolicismo. Suas obras publicadas na Suíça renderam-lhe novos inimigos. Publicou uma obra comentando as ideias de um professor calvinista, segundo as quais, a vida e o comportamento justificam-se pela fé e não pelo comportamento que o ser humano apresenta na sociedade. Giordano Bruno horrorizou-se com essa opinião, alegando que o conjunto de obras apresentadas pelo ser humano em benefício da coletividade estava desvalorizada e desprezada. Se era essa a concepção de fé que o calvinismo defendia, ele seria mais restrito do que o catolicismo. Por isso, o governo teocrático calvinista de Genebra prendeu Giordano Bruno e apontou-lhe duas opções: a morte ou a retirada da Suíça após a retratação.

Tem início então em 1579 a temporada francesa de sua errante vida. Durante dois anos permanece na cidade de Toulouse no sul da França, não muito distante da Itália; assumiu nessa cidade a cátedra de filosofia na universidade local. Escreve então uma de suas obras, *Clavis Magna* (A grande chave), referente a uma técnica de aperfeiçoamento da memória, que foi depois denominada de "mnemônica" ou "mnemotécnica". Essa ciência é ainda cultivada na França, e foi aplicada por um educador francês em São Paulo, por vários anos. Morou por algum tempo na cidade de Lyon, mais ao sul da França, um pouco adiante de Toulouse.

Em 1581 vai para Paris, onde encontrou ambiente mais propício para suas ideias. A capital francesa já era considerada a "cidade-luz" devido à grande afluência de intelectuais de várias partes do mundo. Não havia tanta discriminação e intolerância política e religiosa que pudesse constrangê-lo. Criou cursos de filosofia, agrupando alunos, integrando seus cursos no Colégio de Cambier, que antecedeu o *College de France*, famosa instituição francesa de ensino. Fundado por Francisco I em 1530, o *College de France* é um centro de pesquisa e estudos, com publicações principalmente na área de filosofia, matemática e ciências. Seus mestres são famosos e a inclusão do nome de Giordano Bruno no seu quadro de mestres, projetou seu nome.

O Rei da França, Henrique III, espantou-se com a fama de Giordano Bruno e a mnemônica, que alguns consideravam bruxaria ou coisa de algum mago. Bruno porém demonstrou que era só um processo pedagógico de ensino, provocando o interesse do Rei. Por outro lado, a corte francesa estava dominada por católicos tolerantes ligados ao Rei de Navarra, Henrique de Bourbon, apontado como herdeiro de Henrique III, o que realmente aconteceu em 1589. Assim que se consolidou no trono, Henrique de Bourbon celebrou o Édito de Nantes em 1599, estabelecendo o regime de tolerância religiosa e a paz social.

Foi a época das grandes produções de Bruno. O ano de 1582 foi pródigo. Publicou *De Umbris Idearum* (A sombra das ideias), *Ars Memoriae* (A arte da memória). Segundo essas obras, as ideias eram apenas sombras da verdade. O terceiro livro que surgiu nesse ano foi *De Architetura et Comento Artis Lulli* (Sobre a arquitetura e comentários sobre a arte de Lullio). Nesta obra ele revela o pendor e a influência referente ao pensador catalão Raimundo Lullio. A quarta obra foi o *Cantus Circeus* (Cântico de Circe), invocando a feiticeira Circe, referida por Homero, que transformava homens em bestas ou loucos.

A obra primordial desse ano foi porém *Il Candelaio* (O candeeiro), escrito em italiano, quando as outras foram em latim. O Candeeiro é um fabricante de velas, que faz grande apologia de seus produtos, que iluminam as sombras das ideias. Muitos consideram *O candeeiro* a principal obra de Bruno, depois de *O banquete da quarta-feira de cinzas*.

Em 1583 inicia-se o ciclo inglês. O Rei Henrique III apresenta Bruno ao seu embaixador na Inglaterra, Michel de Castelnau, a quem mais tarde iria dedicar sua obra-prima. *O banquete da quarta-feira de cinzas* estava sob a coroa de Elizabeth I, período de fastígio, liberal e de grande movimento de ideias e intelectuais. Pronuncia palestras em Oxford sobre a teoria de Copérnico, que viria influenciar suas ideias. Foi em

Londres que ele começou a redigir os diálogos italianos, que representam a exposição sistemática de sua filosofia, em número de seis, sendo três sobre a cosmologia, tendo por tema a teoria do universo, e três sobre moral. É de Londres sua obra-prima, *O banquete da quarta-feira de cinzas*, composta em 1584, chamada também de diálogos italianos.

Entretanto, Michel Castelnau retorna à França em 1585 e Bruno retorna com ele, mas o ambiente não lhe era mais propício; o Édito de Nantes fora revogado e os choques religiosos voltaram a dominar. O espírito teimoso e combativo desse napolitano não o permitiu acomodar-se a essa situação. Manifesta ideias contrárias aos dois lados. Volta-se contra as ideias aristotélicas em sua obra *Cento et Vinte Articoli de Natura et Mundo Adversus Paripatético* (Cento e vinte artigos sobre a natureza e o mundo dos peripatéticos).

Criou para si novo ambiente hostil e decidiu não enfrentá-lo, afastando-se de Paris.

Vai para Praga e frequenta a corte real de Rodolfo II, mas desaparece e ressurge depois na Alemanha em 1588, onde é bem acolhido, a princípio. Assume cátedra da Universidade de Wittenberg. Nesta cidade sai sua obra *Articuli Centum et Sexaginta* (Cento e sessenta artigos). Transfere-se em seguida para Helmestadt, onde apresenta seu tratado sobre mnemônica *De Imaginum Signorum et Idearum Compositione* (Sobre a associação de imagens, os signos e as ideias). Transferiu-se para outra cidade alemã, Frankfurt, e foi acolhido num Convento Carmelita, onde lecionou.

Porém, foi procurado em Frankfurt por um editor veneziano que lhe propôs publicar suas obras na Itália e transmitiu-lhe o convite de um empresário de Veneza de nome Giovanni Mocenigo, interessado na mnemônica. Transmitiu-lhe ainda a notícia de que a cadeira de matemática da Universidade de Pádua estava vaga e muitos ansiavam pela sua presença; e lá foi ele a Pádua, tendo formado turmas de alunos na Universidade enquanto aguardava a nomeação para a cátedra. No mesmo ano de 1591 compôs nova obra, *Prelectionis Geometricae e Ars Deformationum*.

Seu novo emprego e sua estada na Itália foram fatais para Bruno. Mocenigo pretendia, com a aplicação da matemática, acelerar suas vendas e abafar a concorrência. Bruno não quis sujeitar a aplicação de suas teorias à concorrência mercantilista e pretendeu retornar à França. Mocenigo porém mandou prendê-lo e entregá-lo à Inquisição de Veneza, mas o Papa Clemente VIII soube do julgamento e determinou a vinda de Bruno a Roma, onde foi submetido à torturas para abjurar suas ideias. Após sete anos de prisão e torturas, Bruno foi julgado e condenado à morte na fogueira, tendo sido queimado em 8 de fevereiro de 1600.

Giordano Bruno foi queimado vivo no Campo das Flores, uma famosa praça livre, onde hoje se realizam feiras e espetáculos. No local em que ele foi executado, ergueu-se um monumento em 1889, patrocinado pelas lojas maçônicas.

As Obras de Giordano Bruno

1 - 1581 - *Clavis Magna* (A grande chave)

2 - 1582 - *Il Cancelaio* (O candeeiro)

3 - 1582 – *De Umbris Idearum* (A sombra das ideias)

4 - 1582 – *Ars Memoriae* (Arte da memória)

5 - 1582 – *De Architetura et Commento Artis Lulli* (Sobre a arte e comentários de Lullio)

6 - 1584 – *De Infinito Universo et Mondi* (Sobre o infinito, universo e mundos)

7 - 1584 – *Della Causa, Principio et Uno* – (Sobre a causa, princípio e uno)

8 - 1584 – *Il Spaccio della Besta Trionfante* – (O despacho da fera triunfante)

9 - 1584 – *La Cena Delle Ceneri* (O banquete da quarta-feira de cinzas)

10 - 1585 – *Degli Eroici Furori* (Sobre os heróicos furores)

11 - 1586 – *Cento et Vinte Articuli de Natura et Mundo Peripatetico* (Cento e vinte artigos sobre a natureza e mundo peripatéticos)

12 - 1587 – *De Imaginum Signorum et Idearum Composizione* (Sobre a associação de imagens, signos e ideias)

13 - *Articuli Centum e Sexaginta* (Cento e sessenta artigos)

14 - *De Mínimo* (Sobre o mínimo) – *De Monade* (Sobre as mônadas) – *De Innumeralibus sive de Universo* (Sobre os inumeráveis universos)

15 - 1591 – *Praeletionis Geometricae e Ars Deformatiorum* (Preleções geométricas e arte de deformação)

Cronologia da Vida de Giordano Bruno

1548 - Giordano Bruno nasce em Nola, Região da Campânia, cidade próxima de Nápoles, com o nome de Filippo Bruno.

1565-1571 - Torna-se seminarista, entrando no Convento Dominicano de Nápoles, adotando o nome de Giordano, que conservou até a morte.

1576 - Foi transferido para o Convento Dominicano de Roma, sendo logo eliminado devido às suas ideias avançadas.

1576-1578 - Deixando o seminário, perambula pelo norte da Itália, e outras regiões.

1578-1579 - Permanência em Genebra, onde entra em choque com as ideias calvinistas, tendo sido afastado da Suíça.

1579-1581 - Temporada francesa: Toulouse, Lyon, Paris. Publicação das primeiras obras.

1583-1584 – Ciclo inglês – Início de sua obra-prima: *O banquete de quarta-feira de cinzas*, também referida como *Diálogos italianos*.

1585 – Retorno à França.

1586 – Ciclo alemão, em várias cidades.

1588-1591 – Passa uns tempos em Praga e retorna à Alemanha, mormente em Frankfurt. Publica várias obras.

1591-1592 – Retorno à Itália, em Pádua e Veneza.

1592-1600 – Bruno é preso e entregue à Inquisição. O Papa Clemente VIII determina sua transferência para Roma, onde é julgado e condenado à morte na fogueira.

1600 – Em 17/02/1600 Giordano Bruno é queimado vivo no Campo das Flores, ampla e popular praça pública de Roma.

EPÍSTOLA INICIAL

ESCRITA
PARA O ILUSTRÍSSIMO

SENHOR DE MAUVISSIERO

Cavaleiro da Ordem do Rei, e Conselheiro de seu Conselho Privado, Capitão de cinquenta homens de Armas, Governador Geral de São Desidério e Embaixador da França na Inglaterra.

Aqui estamos agora, Senhor, para o convite a um banquete do Todo Poderoso. Não é um modelo para a desolação humana, nem parecido com aquele de Assuero, marido de Ester, para um mistério; nem de Lúcio Licínio Lúculo para o luxo, nem de Licaon para o sacrilégio, nem de Tântalo para o suplício, nem para filosofia de Platão, nem para a miséria de Diógenes, nem de uma sanguessuga para qualquer coisinha, nem de um Arciprestre de Pogliano para uma farsa, nem de Bonifácio, o Candeeiro, para uma comédia.

É porém convite para um banquete tão grande, e ao mesmo tempo tão pequeno, tão magistral, tão disciplinado, tão sacrílego como religioso, tão alegre como colérico, tão rude como alegre, tão trágico como cômico. Entretanto, creio que você terá muitas possibilidades de ser heróico, rejeitado, mestre, discípulo, crente, descrente, alegre, triste, saturnino, jovial, ligeiro, poderoso, cínico, liberal, diplomata, sofista com Aristóteles, filósofo com Pitágoras, risonho com Demócrito, choroso com Heráclito.

Quero dizer: depois que você tiver aspirado com os peripatéticos, comido com os pitagóricos, bebido com os estóicos, você poderá ainda aspirar a um dos que, mostrando os dentes, tenha um sorriso tão gentil que um canto da boca atingia uma orelha e o outro canto a outra orelha. Porque, rompendo os ossos e minada a medula, você encontrará coisas que irão divertir São Colombino, patriarca do gesuados. Faria divertir qualquer grupo, faria os símios caírem no riso e romperia o silêncio de qualquer cemitério.

Você me perguntaria: Que banquete é este? É uma ceia? A de quarta-feira de cinzas? O que quer dizer ceia de cinzas? Foi talvez essa refeição servida antes? Poder-se-ia dizer que: *Cinerem tamquam panem manducabam*? (Eu comi cinzas como pão?)

Não, mas é um convite feito depois do pôr-do-sol, no primeiro dia da Quaresma, chamada pelos nossos sacerdotes "quarta-feira de cinzas". Do que se trata este convite, esta ceia? Não é em consideração ao ânimo e efeitos do muito nobre e bem criado Senhor Folco Crivello, em cuja honrada mansão foi marcado o encontro. Não é acerca dos elegantes trajes dos gentis senhores, que, por serem espectadores, estiveram presentes, mas acerca de poder ser visto o quanto pode a natureza apresentar duas fantásticas festas, dois sonhos, duas sombras e duas febres de quatro dias, enquanto se vai criticando o senso histórico e depois são extraídas proposições com características topográficas, geográficas, racionais ou morais. E ainda especulações matemáticas, físicas.

O Tema do Primeiro Diálogo

Como se vê no primeiro diálogo proposto no campo dos assuntos com a razão de seus nomes, para quem quiser entender, e no segundo a escala do número binário que será comemorado em sua honra. Além disso, as condições louváveis da descoberta e reparada filosofia. Depois será demonstrado o quanto merece

Copérnico em elogios. E os frutos da filosofia de Nola, minha terra natal, com a diferença entre esta e os outros modos de filosofia.

O Tema do Segundo Diálogo

Você verá o segundo diálogo: em primeiro lugar a causa original da ceia. Em segundo lugar, uma descrição dos passos e passagens, que devem ser considerados como mais poéticos, talvez. Em terceiro, como confusamente se precipita em uma topografia moral, por onde, com os olhos de Línceo, não muito fechados, olhando coisa por coisa, enquanto faz o seu caminho, além de contemplar a grande máquina, parece-me que não seja quinquilharias nem cascalho em que se possa tropeçar.

E nisto se faz exatamente como um pintor, para quem não basta fazer um simples retrato da história, mas deve preencher o quadro e conformar-se com a arte e a natureza. Pinta-nos as pedras, montes, árvores, fontes, rios, colinas. Faz-nos ver um palácio real aqui, uma selva lá, acolá um pedaço do céu, e naquele canto um meio sol que nasce, e de passo em passo um pássaro um porco, um veado, um asno, um cavalo. Enquanto basta isto, faz ver a cabeça de um, o chifre de outro, as orelhas de outro, a inteira descrição de outro; este com um gesto e expressão que outros não têm, de maneira que, com maior satisfação de quem observa e julga a figura. Veja bem o que quero dizer. Por último, conclui-se aquele bendito diálogo com a chegada à casa, ter acolhida amável e sentar-se cerimoniosamente à mesa.

O Tema do Terceiro Diálogo

Veja-se o terceiro diálogo, em concordância com o número das propostas do Doutor Nundínio, dividido em cinco partes. Destas, a primeira é sobre a necessidade de um ou de outro idioma, a segunda explica a intenção de Copérnico, dando a resolução de uma dúvida das mais importantes sobre os fenômenos celestes. Mostra a futilidade do estudo de perspectivas e óticas sobre a determinação da quantidade de corpos luminosos, e expõe sobre isto nova, resoluta e certíssima doutrina.

A terceira mostra a consistência de corpos mundanos. Declara ser infinita a massa do universo, e que se procura em vão o centro ou a circunferência do mundo universal, como se fosse um corpo particular. A quarta afirma que este nosso mundo, chamado globo terrestre, é idêntico aos outros mundos, que são corpos de outros astros, e que é coisa de criança estar acreditando de forma diferente. Esses mundos são também dotados de inteligência. Eles abrigam uma multidão inumerável de indivíduos simples e compostos, dotados de vida vegetativa ou de entendimento como esses que vemos viver e se desenvolver nas costas de nosso próprio mundo.

A quinta, a propósito de um argumento, trazido por Nundínio no final, mostra a grande futilidade das teorias com as quais Aristóteles e outros ficaram tão obcecados que não notaram ser verdadeiro e necessário o movimento da terra. Ficaram tão imobilizados que não acreditaram que isso fosse possível. Foram descobertos muitos segredos da natureza, até agora ocultos.

O Tema do Quarto Diálogo

Vocês terão no princípio do quarto diálogo o meio para responder a todas as razões e inconvenientes teológicos, e para mostrar que esta filosofia está de acordo com a verdadeira teologia e digna de ser aprovada pela verdadeira religião. Por outro lado, você teria à frente alguém que não saberia nem disputar nem demandar sobre essa questão, por ser mais impudente e arrogante. E ainda parecia, aos mais ignorantes, que era mais douto que o Doutor Nundínio. Vocês entretanto verão que não bastariam todas as pressões do mundo para extrair uma gota do tema para dialogar com Smith e responder ao Teófilo. Eis aqui o assunto da fantasia de Prudêncio e do prejuízo de Fola.

O Tema do Quinto Diálogo

Adiciona-se o quinto diálogo, juro a vocês, não por outra razão a não ser concluir nosso banquete de forma tão estéril. Primeiramente, surge a mais conveniente disposição de corpos na região etérea, mostrando que aquilo que da oitava esfera, céu das estrelas fixas, não é assim um céu, em que os corpos celestes que aparecem brilhantes sejam equidistantes do centro. Elas só aparecem vizinhas, tanto em profundidade como em largura, uma da outra do que estão em relação ao sol e à terra.

Em segundo lugar, que não são sete corpos errantes apenas, reconhecidos como tal, mas que, pela mesma razão são inúmeras outras como dos antigos e verdadeiros filósofos não sem causa nomeados etéreos, porque esses são aqueles corpos que realmente se movem e não imaginárias esferas.

Em terceiro, que esse movimento procede de princípio interno necessariamente, como da própria natureza e ânimo, com cuja verdade se destroem muitos sonhos, tanto pelo ativo movimento da lua sobre as águas e outros tipos de humores, quanto acerca de outras coisas naturais, que parece um princípio de movimento exterior.

Em quarto, determina contra aquelas dúvidas que procedem com estúpida razão da gravidade e leveza de corpos, e demonstra todo movimento natural aproximar-se do circular, quer sobre o próprio centro quer sobre qualquer outro centro.

Em quinto, faz ver quanto seja necessário que esta terra e outros organismos semelhantes movem-se, não com uma mas com várias diferenças de movimento. Esses organismos não deveriam ser constituídos por nem menos nem mais do que quatro elementos simples, mas unidos em um conjunto. E dizem quais são esses movimentos da terra.

Por último, promete adicionar três outros diálogos que parecem faltar na conclusão dessa filosofia, e conclui com um juramento de Prudêncio. Vocês ficarão maravilhados como são aceleradas tão grandes coisas, com tanta brevidade e suficiência. Porém, se, às vezes, vocês constatarem uma gravidade menor em certas questões, que se poderiam submeter sem algum risco à rigorosa censura de Catão, não duvidem. Esses Catões serão muito cegos e insensatos, para não descobrirem o que se esconde sob esses Silênios, os mais velhos dos sátiros.

Por outro lado, diante da multiplicidade e diversidade dos assuntos tratados em conjunto neste livro, você forma a impressão de que se trata aqui menos de ciência do que de uma mistura de diálogos, de comédia, de tragédia, de poesia, de eloquência, que ora louva, ora censura, ora demonstra e ensina. Refere-se ora à física, ora à matemática, ora à moral e ora à lógica. E breve, que arranca uma casquinha de todos os tipos de ciência. Considerem, senhores, que este diálogo conta uma história, relacionando as circunstâncias, deslocamentos, passagens, encontros, gestos, afetos, declarações, propostas, respostas, propósitos e despropósitos, submetendo-os todos ao julgamento de quatro interlocutores. Poder-se-á, a justo título, tratar de todos os assuntos, enquanto for discorrendo.

Considerem ainda, que não há palavra inútil, porque em toda parte é de se colocar coisas de maior importância e talvez seja onde menos aparece. Quanto àquilo que se apresenta na superfície, os que não tiveram ocasião de presenciar diálogo e talvez sátira ou comédia, terão oportunidade de tornar-se mais circunspectos quando se misturam com os homens, com aquela vara com a qual se mistura a lã, e com a lança de metal balançando os ânimos.

Aqueles, que serão espectadores ou leitores, serão atingidos. Terão como se fazer prudentes e aprender rapidamente com as falhas alheias. Os que forem feridos ou atingidos talvez abrirão os olhos e vendo sua pobreza, nudez e indignidade, se não for por amor, ao menos por vergonha, poderão corrigir-se, se não desejarem confessar.

Se parecerem a vocês que Teófilo e Frulla de forma rígida atingirem algumas suposições, considerem, Senhores, que esses animais racionais não têm essa pele. Se os golpes fossem cem vezes mais duros, eles ainda não considerariam ofensas e considerariam mais que fossem atingidos por um menino. Vocês não me considerariam digno de repreensão, porque nesse campo de fatos ineptos e tão indignos que nos ofereceram esses doutores, queiramos apresentar novas propostas.

Temos desejado exagerar tão graves e dignos propósitos, porque estou certo de que vocês saberão ver a diferença entre tomar uma coisa por fundamento e tomá-la apenas para a ocasião. Os alicerces, realmente, devem ser proporcionais à grandeza, condição e nobreza do edifício. As ocasiões podem ser de todo tipo, para todos os efeitos; porque coisas mínimas e desprezíveis são sementes de coisas e excelentes; bobagens e insensatez podem provocar grandes conselhos, juízos e criações. Parece-me ser evidente que os erros e delitos deram muitas vezes ocasião a grandes normas de justiça e de bondade.

Se numa pintura lhes parecer que as cores não respondem perfeitamente à realidade, e os traços não lhes parecem totalmente adequados, saibam que o defeito é proveniente disto: que o pintor não pôde examinar a pintura com espaço à distância, que não ouviu os mestres da arte, porque, além da mesa, ou o campo era muito vizinho e os olhos não conseguiram ver um metro adiante ou o afastamento de um e de outro canto, sem medo de dar aquele salto como fez o filho do famoso defensor de Tróia.

Peguem essa pintura, em que vocês encontrarão dois, cem, mil, todos os pormenores, destinados a informar-lhes o que já é do conhecimento de vocês, não para lançar água ao rápido fluxo do juízo de vocês, mas porque sei que, como de ordinário, ainda que conheçamos as coisas mais ao vivo, não desejamos depreciar a figura e as representações. Além disso, estou certo de que o generoso ânimo de vocês dirigirá os olhos da consideração mais para a gratidão do afeto com que se dá do que ao presente oferecido pela mão.

Isto é oferecido a vocês, que estão mais vizinhos e se mostram mais propícios e favoráveis ao nosso Nolano. A vocês que com tanta magnanimidade e liberalidade acolheram o Nolano sob seu teto e lugar mais eminente da casa de vocês. Por isso vocês são mais dignos em nosso meio, do que certos mercadores sem consciência e fé que se tornam facilmente como se fossem o milionário Creso, enquanto varões virtuosos pobres não se tornam certamente Diógenes.

Se esta terra, em vez de produzir mil colossos sinistros, colocasse à frente muitos Alexandres Magnos, vocês veriam precipitar-se mais de quinhentos à sua frente, para adular Diógenes. Este até que poderia dar graças às estrelas por não ter que temer outros que o privassem do sol. Ou, pelo menos, de alguns raios diretos ou refletidos que poderia enviar, para não deixar o Nolano mais desprovido ainda da canalha cínica. Mandem um raio de sol para a gruta que vocês conhecem.

Dedicamos a vocês que nesta Britânia representam a alteza de tão magnânimo, tão grande e potente rei. Este generosíssimo coração da Europa, com a voz de sua fama, faz ressoar por todos os mais distantes recantos do mundo os tremores como o rugido do leão de uma gruta alta. Ele causa susto e temor mortais aos poderosos predadores desta selva. Quando ele repousa e se acalma envia a chama de cortesia e liberal amor, que inflama o trópico vizinho, aquece a gélida Orsa e dissolve o rigor do deserto ártico, que amolece sob a guarda do orgulhoso Boote.

PRIMEIRO DIÁLOGO

Interlocutores: Teófilo, Smith, Prudêncio, Frulla

SMITH: Falavam bem o latim?

TEÓFILO: Sim.

SMITH: São homens honestos?

TEÓFILO: Sim.

SMITH: Compreendeu?

TEÓFILO: Completamente.

SMITH: São distintos, corteses, educados?

TEÓFILO: Por demais medíocres.

SMITH: Doutores?

TEÓFILO: Sim, mestre, sim, pai, sim. Mãe. Creio que sejam de Oxford.

SMITH: Qualificados?

TEÓFILO: Como não! São homens selecionados, de vestes talares, vestidos de veludo, um dos quais com duas cadeias de ouro no pescoço. O outro, meu Deus, com aquela mão preciosa, contendo doze anéis em dois dedos, parecia um riquíssimo joalheiro que fazia saltar os olhos e o coração quando eram olhados.

SMITH: Demonstravam saber grego?

TEÓFILO: E também de cerveja.

PRUDÊNCIO: Que expressão antiquada!

FRULLA: Fique quieto, mestre, que ele não está falando com você.

SMITH: O que eles fizeram?

TEÓFILO: Um parecia o contestador dos gigantes e dos monstros, o outro um cortesão da deusa da reputação.

SMITH: Havia dois então?

TEÓFILO: Se este número não for misterioso.

PRUDÊNCIO: *Ut essent duos testes.* (Por que há duas testemunhas).

SMITH: O que você entende como testemunha?

PRUDÊNCIO: Testemunhas, examinadores da suficiência nolana (de Nola, terra de Giordano Bruno). *At me hercle!* (Mas, por Hércules!) Por que tinha dito Teófilo que o número dois seria misterioso?

TEÓFILO: Porque são as próprias coordenadas, como disse Pitágoras, finito e infinito, curvo e reto, direito e esquerdo e assim por diante. Dois são os tipos de números: par e ímpar, dos quais um é masculino e o outro feminino. Dois são os Cupidos: superior e divino, inferior e vulgar. Dois são os atos da vida: conhecimento e afeto. Dois são os objetos dele: o verdadeiro e o bem. Duas são as espécies de movimento: reto, com o qual os corpos tendem à conservação, e circular, com o qual eles se conservam. Dois são os princípios essenciais das coisas: a matéria e a forma. Duas são as diferenças específicas da substância: rara e densa, simples e mista. Dois são os primeiros contrários e princípios ativos: o calor e o frio. Dois são os pais das coisas naturais: o sol e a terra.

FRULLA: De acordo com o propósito desses dois précitados, farei uma outra escala do binário. Os animais entravam na arca de Noé dois a dois; saíram dela dois a dois também, conforme o gênesis. Dois são os líderes do coro celeste: Áries e Taurus. Dois são os animais criados à imagem e semelhança do homem: o macaco na terra e a coruja no céu. Duas são as falsas mas veneradas relíquias de Florença, em nosso país, os dentes de Sasetto e a barba de Petruccio.

Dois são os animais que o profeta disse terem mais inteligência do que o povo de Israel: o boi porque conhece seu proprietário, e o asno porque sabe encontrar o curral de seu dono. Dois foram os nomes derivados que formaram o dicionário titular ao Secretário de Augusto: Asínio e Pullione. Dois são os tipos de asnos: doméstico e selvagem.

PRUDÊNCIO: *Optime indolis ingenium, enumeratio mínime contemnenda*! (Eis a intenção de um belo espírito, eis uma enumeração bastante notável).

FRULLA: Eu me orgulho, mestre Prudêncio, porque você aprova minhas palavras, sendo mais prudente do que a própria prudência; por isso você é a prudência do gênero masculino.

PRUDÊNCIO: *Neque id sine lepore et gratia. Orsu, isthaec mittamus encomia. Sedeamus, quia, ut ait Peripateticorum princeps, sedendo et quiescendo sapimus.* (Olhe lá que não falte pertinência e concordância). Assim, ao pôr-do-sol, protelaremos nosso tetrálogo sobre o sucesso da conversa do Nolano com o Doutor Torquato e o Doutor Nundínio.

FRULLA: Gostaria se saber o que você quer dizer com esse tetrálogo?

PRUDÊNCIO: Eu disse tetrálogo. *Id est, quatuorum sermo* (Ou seja, uma conversa a quatro). Porque falamos de quatro, como diria diálogo se fossem dois, e assim por diante. Porém, não é provável que os gregos, inventores desse nome, tenham aquela primeira sílaba "di".

SMITH: Deixemos porém, caro mestre, esses rigores de gramática de lado e vamos ao nosso tema.

PRUDÊNCIO: Ó século!, você faz pouco caso das belas letras! Como poderemos fazer um bom tetrálogo se não soubermos essa expressão tetrálogo, e, *quod peius est* (Pior ainda), pensamos que seja um diálogo? *Nonne a difinitione et a nominis explicatione exordiendum* (Não será conveniente partir de uma definição e de uma explicação da palavra, como o nosso Aspinate ensina?)

TEÓFILO: Você, mestre, é por demais prudente. Vamos deixar, peço-lhe, esses discursos gramaticais. Vamos aos fatos, que é o raciocínio de nosso diálogo: ainda que sejamos quatro pessoas, seremos dois em condições de propor e responder, de raciocinar e escutar. Ora, para iniciar e levar o negócio adiante, venha inspirar-me, ó musa. Não estou falando de você que fala pelo grandioso e soberbo verso no Helicon, a casa das musas. Porque duvido que você não possa lamentar-se de mim no final, quando, após haver feito tão longa e cansativa peregrinação, percorrer tão perigosos mares, conhecer orgulhosos costumes, quisesse descalço e nu voltar à pátria, porque desse mato não sai coelho.

Permita-me que não só seja estrangeiro, mas você é ainda daquela gente da qual um poeta disse:

"Nunca houve um grego livre de malícia."

Além disso, não posso me enamorar de uma coisa que eu não veja. Outros, os outros são aqueles que encantaram meu espírito. Para você digo então graciosas, gentis, suaves, belas, delicadas, cabelos louros, faces brancas, lábios sedentos, olhos divinos, corações de diamante. Para elas tantos pensamentos brotam na minha mente, tantos afetos acolho no meu espírito, tantas paixões concebo na vida, tantas lágrimas brotam em meus olhos, tantos suspiros surgem de meu peito e do coração, faíscam tantas chamas, a vocês musas da Inglaterra.

Peço-lhes que me inspirem, acalentem-me, e façam-me igual não com pequeno, estreito, curto, e sucinto epigrama, mas com copiosa e larga veia de prosa longa, corrente, grande e sólida, em que não como uma pena estreita, mas como um largo canal, de minhas margens. E você, Mnemosine, deusa da memória, escondida sob trinta segredos, e reclusa no cárcere sombrio das sombras das ideias, entoem meus ouvidos com teus salmos.

Há poucos dias, vieram ao Nolano (Giordano Bruno de Nola), da parte de um régio escudeiro, fazendo-nos entender sua conversação, para entender o seu Copérnico e outros paradoxos de sua nova filosofia. Ao que respondeu o Nolano que não viu pelos olhos de Copérnico, nem de Ptolomeu, mas por seus olhos próprios, no que tange ao juízo e à determinação. Ainda que, quanto às observações, calcula dever muito a elas, a este e outros solícitos matemáticos, que, sucessivamente, de tempos em tempos, acrescentando luz à luz, estabeleceram princípios suficientes, pelos quais chegamos a fazer tal juízo, que não se pode fazer senão após haver muito pesquisado.

Entretanto, vamos acrescentar, esses sábios são semelhantes aos intérpretes que traduzem as palavras de um idioma em outro, mas deixando aos seus sucessores o cuidado de penetrar no fundo das ideias. Ou ainda parecem aqueles homens rudes, que, para explicar um conflito na sua forma e em seus efeitos, imputam-nos a um capitão ausente. Eles menosprezam assim as práticas, as razões e os conhecimentos técnicos que lhes deu a vitória. Só as compreende aquele que adquiriu mais experiência e melhor apreciação da arte militar. Assim, à tebana Manto, que via mas não entendia, Tirésio, seu pai cego mas divino intérprete, dizia:

> *Visu carentem magna pars veri latet,*
> *Sed quo vocat me patria, quo Phoebus, sequar.*
> *Tu lucis inopem gnata genitorem regens,*
> *Manifesta sacri signa fatidici refer.*

> (A quem for privado da visão grande parte da verdade fica escondida,

eu estarei lá, portanto, onde me chamam minha pátria e Fébus.
Você, minha filha, guia de um pai privado da visão,
lembre-me dos sinais manifestos dessa cerimônia adivinhatória).

Sêneca (*Édipo*)

Da mesma forma, que julgamento poderíamos fazer se as numerosas e diversas manifestações concretas dos corpos superiores ou aproximados, não nos tivessem sido reveladas, ou se elas não tivessem sido expostas aos olhos da razão? Certamente não será possível. Entretanto, após haver dado graças a Deus, distribuidores de brindes que procedem do primeiro ao infinito onipotente fogo, e haver exaltado o estudo desses generosos espíritos, conhecemos apertadamente, que devemos abrir os olhos àquilo que pudemos observar e ver, e não dar o consentimento àquilo que eles conceberam, entendido e definido.

SMITH: Por favor, faça-me entender que opinião você tem de Copérnico.

TEÓFILO: Era um ser humano que, pelo aspecto moral, mostrou-se superior a Ptolomeu, principal astrônomo da Ilha de Rodes, e da Antiguidade Clássica, de Hiparco, também astrônomo da Ilha de Rodes, e Eudoxio, astrônomo grego, e todos os outros que vieram na pegada destes. Superior, porque ele está livre de certos prejulgados e erros – para não dizer da cegueira da filosofia vulgar e comum.

Todavia, não que ele tenha se afastado de muita coisa: levado mais a estudar a matemática do que a natureza, ele não pode ir bem profundo nem bem anterior, para extirpar inteiramente certos inconvenientes e vãos princípios, o que lhe teria permitido afastar todas as dificuldades e objeções. Teria se liberado, e liberado os outros de pesquisas vãs, a fim de concentrar a atenção nas coisas firmes e seguras.

Dito isso, quem poderá louvar o suficiente a grandeza de alma desse irmão polonês, que, sem consideração para com a multidão estúpida opôs à crença adversa tão sólida resistência? Ainda que quase desprovido de argumentos viáveis, tendo em mãos os miseráveis fragmentos enferrujados que ele pôde recolher da Antiguidade com sua ciência mais matemática do que física? Uma tese ridícula, desprezada, difamada, foi reabilitada, levada à estima, apareceu mais verdadeira que a tese contrária e certamente melhor adaptada à teoria e aos cálculos?

Assim, ainda que desprovido de meios que lhe teriam permitido não só resistir à falsidade, mas vencê-la, anulá-la, extirpá-la, este sábio polonês chegou a conceber e proclamar abertamente a conclusão que se impôs em definitivo. É necessário admitir o movimento do globo terrestre perante o universo. A hipótese segundo a qual o conjunto inumerável desses corpos celestes, dos quais em grande número, como se sabe, são mais magníficos do que o nosso e de tamanho superior, a terra teria por centro e base de suas rotações e seus influxos – o que contradiz, de forma gritante, a natureza e o raciocínio, que fazem perceber nitidamente que nosso globo está em movimento.

Quem portanto será tão vilão e descortês para com a pesquisa deste homem, que, tendo posto no esquecimento o que ele tanto fez, como destinado pelos deuses como uma aurora, que deveria preceder à saída dele da antiga filosofia verdadeira, por tantos séculos sepulta na tenebrosa caverna da cega, maligna, arrogante e invejosa ignorância. Ele quis, notando-o por aquilo que não pode fazê-lo, colocá-lo no mesmo número, da multidão gregária, que discorre e se orienta mais pelo sentido do ouvido de uma brutal e ignóbil fé. Ele quis computá-lo entre aqueles que, com feliz engenho, puderam endireitar e elevar-se pela fiel escolha do olho da divina inteligência.

Agora, o que devo dizer de Nolano? Talvez por ser tão próximo quanto ou de mim mesmo não seria próprio louvá-lo? Certamente, homem razoável não será, que me censure disto, pois isto não convém, mas é necessário, como bem expressou o culto Tansillo:

> Quando um ser humano aspirar honra e fama,
> não convém falar muito de si.
> Porque se o coração teme e suspira,
> a linguagem inspira pouca fé.
> Porém, procurar a aceitação pública
> deixa um dever para aquele
> que quer responder à crítica,
> ou ligar-se ao bem de outrem.
>
> Tansillo (poeta italiano)

Ou então, quem se revelará tão severo a ponto de não tolerar, em nenhum caso, o que parece, de perto ou de longe, uma celebração de si mesmo! Esta celebração, sem associação com o que tiver feito, e passa por ter sido feito! Quem poderá censurar Apeles, o famoso pintor grego, que, apresentando sua obra a quem quisesse conhecê-la, disse que o pintor era ele? Quem poderá julgar Fídias reprovável, se a alguém que lhe perguntou, ele se declarou o autor de uma escultura magnífica. E mais, para esclarecer nosso assunto e nos fazer captar sua importância, eu lhe apresento minha conclusão, que será provada de forma fácil e clara, sem atraso nem dificuldade: saber que se eleva Tifo às nuvens, porque ele pilotou o primeiro navio na Antiguidade, e porque ele atravessou o mar na companhia dos argonautas:

> *Audax minium, qui freta primus*
> *rate tam fragili perfida rupit,*
> *terrasque suas post terga videns,*
> *animam levibus credidit auris.*

(É por demais ousado o homem que, em uma frágil embarcação, pela primeira vez se aventurou pelo traiçoeiro mar, deixando atrás suas praias familiares, deixando sua pessoa à mercê dos ventos contrários).

Sêneca (*Medeia*)

Se, nos nossos tempos, Colombo, por ser aquele de quem se falava tanto tempo antes:

> *Venient annis*
> *saecula seris, quibus Oceanus*
> *Vincula rerum laxet, et ingens*
> *pateat tellus, Tiphysque novos*
> *Detegat orbes, nec sit terris*
> *Ultima Thule.*

> (Aí virão os anos que o oceano deixa as coisas ligadas; e uma grande terra deve emergir enquanto Têtis divulgará novos domínios e Tule deixará de ser o limite da terra.)
>
> Sêneca (*Medeia*)

O que se dirá a esse respeito, de quem encontrou o modo de subir ao céu, descrever a circunferência das estrelas, deixar nas costas a convexa superfície do firmamento? Os Tifons encontraram o modo de perturbar a paz de outrem, violar os lares das regiões, de confundir aqueles que a natureza distingue, dobrar os defeitos do comércio e adicionar vícios e vícios de uma geração a outra. E ainda, propagar com violência novas loucuras e plantar a estupidez inaudita em que ao final o mais sábio é aquele que for mais forte. Mostrar novos estudos, instrumentos e arte de tiranizar e assassinar um ao outro. Por mercê daqueles gestos virá o tempo em que aqueles que já aprenderam por conta própria, por força das vicissitudes das coisas saberão e poderão tornar semelhantes ou piores frutos de suas perniciosas invenções:

> *Cândida nostri saecula patres*
> *videre procul fraude remota.*

Sua quisque piger littora tangens,
patrioque senex fractus in arvo
Parvo dives, nisi quas tulerat
natale solum, non norat opes.

Bene dissepti foedera mundi
traxit in unum Thessala pinus,
Iussit que pati verbera pontum,
partemque metus fieri nostri
mare lepostum.

(Nossos pais viveram nos tempos da inocência,
bem afastados de toda fraude.
Cada um era feliz, pacífico, na praia que beira seu país,
e velava pela terra de seus avós,
rica por si e não conhecia outros tesouros
a não ser seu solo natal.

Porém, as leis tão sábias do universo
e a judiciosa separação de suas margens,
foram destruídas por um navio de pinho da Tessália.
Ele forçou o mar a subir com suas remadas e tornou-se
um de nossos temores por sua natureza misteriosa).

Sêneca (*Medeia*)

O Nolano, para alcançar efeitos bem contrários, arrebatou o espírito humano e a cognição que estava mantida no altíssimo cárcere de ar turbulento. A partir daí, por meio de certos orifícios, poder-se-ia olhar as longínquas estrelas. Eram as asas afins de quem quisesse abrir o véu das nuvens e ver o que realmente se encontrava lá. E libertasse das quimeras daqueles que, tendo saído da lama e das cavernas da terra, como Mercúrio e Apollini, descidos do céu encheram o mundo de loucuras infinitas, bestialidade e vícios, como de tantas virtudes, divindade e disciplina, esmagando aquela luz, que tornava divinas e os ânimos, de nossos antigos pais, heróicos, aprovando e confirmando as trevas de sofistas e asnos.

Por isso, já há tanto tempo a razão humana oprimida, às vezes no seu lúcido intervalo lamentando sua tão baixa condição, dirige-se com os mesmos lamentos:

"Quem subirá aos céus, Senhora,
Para trazer o meu perdido espírito?"

(Ariosto – *Orlando Furioso*)

Agora eis aquele, que superou os ares, percorreu as estrelas, ultrapassou os limites do mundo, fez dissipar a fantástica muralha da primeira, nona, décima, e outras esferas, que poderiam ter sido anexadas, por dispositivos de vãos matemáticos e visão cega de filósofos vulgares. Assim, na presença de todo sentido e de razão, com a chave da solerte inquisição, abertas as caixas da verdade que possam ser abertas para nós, desnudada, e velada natureza, abriu os olhos dos ignorantes, iluminou os que não podiam fixar os olhos e olhar a própria imagem em tantos espelhos que os rodeiam de todos os lados.

Soltou a língua dos mudos que não sabiam e nem atreviam a explicar seus intrincados sentimentos. Restaurou a força dos mancos, que não eram capazes de progredir espiritualmente, já que não podem fazer o ignóbil e dissolúvel organismo não conseguiria. Tornou-os não menos presentes, como se fossem os próprios habitantes do sol, da lua e de outros astros nômades, mostrou o quanto sejam iguais ou desiguais, maiores ou piores aqueles corpos que vemos lá longe e aquele que está unido a nós. Ele abre os olhos para ver esta divindade, esta nossa mãe que no seu peito alimenta-os, depois de havê-los produzido no seu regaço, ao qual sempre acolhe outra vez. E não pensem que seja um corpo sem alma. Deste modo, sabemos que se estivéssemos na lua ou em outras estrelas, não estaríamos em lugar muito diferente desse e talvez pior. Como podem ser outros corpos bons e melhor ainda para eles mesmos, e para maior felicidade de seus habitantes.

Conhecemos assim uma multidão de estrelas, de astros, de divindades, que por centenas de milhares participam do mistério e da contemplação da causa primeira, universal, infinita e etérea. Vemos-nos liberados dos oito móveis e motores imaginários, como do nono e do décimo, que entravavam nossa razão. Nós já sabemos: só há um sol, uma imensa região etérea onde as magníficas lareiras luminosas conservam as distâncias que os separam para aproveitar a vida perpétua e de sua repartição. Esses corpos flamejantes são os embaixadores da excelência de Deus, os arautos de sua glória e de sua majestade.

Desta forma, somos impelidos a descobrir o infinito afeto da infinita causa, o verdadeiro e vivo vestígio do infinito vigor. Temos consciência de não procurar a divindade afastada de nós, se temos perto, aqui dentro, mais do que nós próprios, não menos do que os cultores dos outros mundos tendo perto de si a lua.

Com isto, uma só, embora só, pode e poderá vencer e ao final vencerá e triunfará contra a ignorância geral, e não haverá dúvida se a coisa a determinar-se, não com a multidão de cegos e sórdidos, surdos e de palavras vãs, mas com a força do controlado sentimento, que precisa prevalecer ao final, porque, realmente, todos os mundos não valem por um que se revela e todos os estultos não podem ser trocados por um sábio.

PRUDÊNCIO:

Rebus et in censu si non est quod fuit ante,
fac vivas contentus eo, quod tempora praebent.
Iudicium populi nunquam contempseris unus,
ne nulli placeas, dum vis contemnere multos.

(Se teus negócios e tua fortuna não são mais
o que eram, procure contentar-se com o que
o tempo presente te oferece.
Evite ser o único a desdenhar a opinião pública,
sob pena de não agradar ninguém,
querendo menosprezar o povo).

TEÓFILO: Isso é dito de forma muito prudente no que concerne à prática da conversação civil e vida comum, mas não no que tange ao conhecimento da verdade e regra da contemplação, pelo que disse um sábio:

Disce, sed a doctis, indoctos ipse doceto.

(Devemos aprender com os sábios;
os ignorantes, devemos instruí-los).

Além do mais, aquilo que você diz a respeito da doutrina útil para a multidão é aconselhável, porque não joga no lombo de alguém essa cara cosmológica, mas para aqueles que possam levá-la, como o Nolano. Ou ao menos levá-la ao seu destino, sem incorrer em dificuldades, como Copérnico conseguiu fazer.

Por outro lado, aqueles que se encontram na posse dessa verdade não deveriam comunicá-la a todo tipo de pessoas se não querem ver o que os suínos fazem com as pérolas. E recolher aqueles frutos do estudo e esforço que só produzem a tola e temerária ignorância, juntamente com a presunção e a estupidez, que são as suas perpétuas e fiéis companheiras.

Podemos ser, portanto, mestres desses cegos iluminadores, não pela inabilidade de natural impotência, ou por ausência de talento e disciplina, mas só para esclarecer e não considerar os outros, o que acontece para a privação dos atos e não da vontade. Alguns destes são tão perversos e malignos que por inveja se unirão e se orgulharão contra ele, que por vontade de ensinar, sendo como seus crentes e, o que é pior, creem-se doutos e doutores, atrevem-se a mostrar que não são. Agora você vai vê-los enfurecerem-se e enraizarem-se.

FRULLA: Como aconteceu que esses dois doutores bárbaros, dos quais falamos, um dos quais não sabendo nada além de responder a argumentar, levanta-se em pé no desejo de acabar com a provisão de Erasmo, gritou com punhos acima: "*Quid? Nonne Antyciram navigas? Tu ille philosophorum protoplastes, quinec Ptolomaeo, nec tot tantorumque philosophorum et astronomorum maiestati quippiam concedis? Tu ne nodum in scirpo quaeritas?* (O quê? Você navega contra a corrente, dando sinais de loucura?. Você pensa ser o primeiro dos filósofos para fazer tão pouco caso de Ptolomeu, como também de um grupo de eminentes filósofos e astrônomos? Você procura em vão um nó no junco).

TEÓFILO: Deixemos essas questões por ora. Há alguns outros, que por alguma crédula insensatez, temendo se comprometer, querem obstinadamente se perseverar nas trevas do que eles aprenderam mal. Depois, outros são os felizes e talentosos bem nascidos para os quais nenhum estudo sério é perdido; eles não julgam com temeridade, liberam a mente, deixam sua visão e seus produtos do céu, se não como inventores, porém como dignos admiradores, investigadores, juízes e testemunhas da verdade.

Desses ganhou, ganha e ganhará o Nolano aprovação e amor. Esses são capazes de ouvi-lo e dialogar com ele. Porque verdadeiramente ninguém é digno de contestá-lo sobre este assunto, que, se não é capaz de aprová-lo, por não ser tão habilitado, não lhe subscreve muitas coisas, as maiores e principais e confessa que aquilo que não pode conhecer como verdadeiro é certamente o mais provável.

PRUDÊNCIO: Seja como for, não quero participar do parecer dos antigos, porque diz o sábio: na Antiguidade é a sabedoria.

TEÓFILO: E digo mais: em muitos anos de prudência. Se você quiser entender bem o que ele diz, irá ver do seu fundamento se conclui o contrário do que está pensando. Quero dizer que nós estamos mais velhos, e temos idade mais longa do que os nossos predecessores. Entendo, pelo que se constata de certos juízos, como sendo ao nosso propósito. Não deve ter sido tão maduro o juízo de Eudóxio, que viveu pouco após o renascimento da astronomia, se nele não renasceu como o do astrônomo Calipo, que viveu trinta anos após a morte de Alexandre, o Grande. Acrescentou ano a ano e poderia acrescentar ainda observações às observações.

Hiparco, pela mesma razão, devia saber mais do que Calipo, porque viu a mutação feita 196 anos após a morte de Alexandre. Menelao, geômetra romano, por ter visto a diferença de movimentos 462 anos após a morte de Alexandre tinha razão em pensar que ele entendesse disso mais do que Hiparco. Mais ainda não devia ter visto Macômetro Aracense, o maior astrônomo do Islã, 1202 anos após. Copérnico viu ainda mais, quase no nosso tempo, 1849 anos após Alexandre.

Alguns desses, que não estão muito perto de nós foram mais prudentes do que aqueles que viveram antes e que a multidão dos que são nossos contemporâneos não têm mais sabedoria. Isso acontece porque aqueles não viveram e estes não vivem os anos que os outros tiveram, e, o que é pior, viveram como mortos aqueles e estes pelos próprios anos.

PRUDÊNCIO: Diga aquilo que lhe agrada; proceda ao seu bel prazer como lhe seja conveniente. Eu sou amigo da Antiguidade. No que concerne às suas opiniões ou paradoxos, não creio que tantos e tão sensatos tenham sido ignorantes, como pensam você e outros amigos das novidades.

TEÓFILO: Tudo bem, mestre Prudêncio. Se esta vulgar opinião e também sua for verdadeira na medida em que seja antiga, certamente era falsa enquanto era nova. Antes que esta filosofia fosse de acordo com a sua mente, houve a filosofia dos caldeus, egípcios, dos magos, de Orfeu, de Pitágoras e de outros antigos de primeira memória, de acordo com nosso chefe. Rebelaram-se primeiro contra eles aqueles insensatos e vãos lógicos e matemáticos, inimigos não tanto da antiguidade, quanto alienados da verdade. Ponhamos pois de lado a razão do antigo e novo, considerando que não há coisa nova que não possa ser velha, como também não coisa velha que não tenha sido nova, como bem notou o seu Aristóteles.

FRULLA: Deixe-me falar, senão irei arrebentar; irei rachar certamente! Você disse: "o seu caro Aristóteles", ao falar com mestre Prudêncio. Em que sentido me parece que Aristóteles lhe seja caro, *idest* (isto é), em que sentido Prudente é peripatético? Façamos este pouco de digressão por forma de parênteses. Como de dois mendigos cegos à porta do arcebispado de Nápoles, um se dizia guelfo e o outro gibelino (facções políticas vigorantes na Europa no final da Idade Média). Assim, eles começaram a se bater rudemente com o porrete que tinham em mãos. Se não tivessem sido separados não se sabe como o entrevero teria terminado. Nisto, surge um cavalheiro e lhe diz: Venham aqui vocês, idiotas: o que é um guelfo, o que é um gibelino? O que significa ser guelfo ou ser gibelino?

Na verdade, nenhum sabe o que responder nem dizer. O outro se explicou dizendo: o Senhor Pedro, meu patrão, e a quem quero muito bem, é um gibelino. Assim, muitos são peripatéticos que se ajuntam; se irritam, se animam e se inflamam por Aristóteles, querem viver e morrer por Aristóteles, querem defender a doutrina aristotélica, são inimigos ou amigos dele. E nem sequer entendem o que significam os títulos de livros de Aristóteles. Se você quiser que eu lhe demonstre um deles, eis um ao qual você disse no seu Aristóteles, a que às vezes se irrompe um Aristóteles nosso, príncipe dos peripatéticos, ou um Platão nosso, e assim por diante: *Aristoteles noster, peripateticorum princeps, un Plato noster, et ultra* (Nosso Aristóteles, o primeiro dos peripatéticos, nosso Platão e outros mais).

PRUDÊNCIO: Eu não levei muito em conta sua opinião; não considerei seu parecer.

TEÓFILO: Por favor, não interrompam mais o nosso diálogo!

SMITH: Continue, Senhor Teófilo.

TEÓFILO: Notou, digo, o seu Aristóteles, que, como é a vicissitude das outras coisas, como também das opiniões e efeitos diversos. Portanto, é de se considerar quem vem primeiro: o dia ou a noite. Logo, o eu devíamos considerar é se estamos a dia claro, e a luz da verdade está sobre nosso horizonte, ou no dos adversários antípodas; e ver se estamos nas trevas e eles ao sol, ou em conclusão, se nós que damos início à renovação da antiga filosofia, estamos no dia para terminar à noite, ou na noite para terminar ao dia. E isso certamente não é difícil para se determinar até se avaliando a quantidade de frutos de uma e de outra espécie de reflexão.

Vejamos agora a diferença entre aqueles e estes. Aqueles são temperados no seu modo de vida, de pensamento judicioso, de pressentimento singular, de magia miraculosa, atentos na observação das leis, na moralidade irrepreensível, na teologia divida, em todos os efeitos heróicos.

Como fica demonstrado por sua prolongada vida, os organismos menos enfermos, as solenes invenções, os prognósticos observados, pelas substâncias transformadas, pela concentração pacífica daqueles povos, pelos sacramentos invioláveis, justas execuções, familiaridade com a boa e protetora inteligência e os traços que duram ainda e suas maravilhosas proezas. Esses outros adversários, deixo-os para serem examinados pelo julgamento de quem o tenha.

SMITH: O que você diria agora, se a maior parte de nossas gerações pensa de forma totalmente contrária e especialmente no que se refere a essa doutrina?

TEÓFILO: Não me espanto, porque, como de ordinário, aqueles que menos entendem acreditam saber mais, e os que são doidos pensam que sabem tudo.

SMITH: Diga-me de que modo se poderá corrigi-lo!

FRULLA: Arrancando a cabeça deles e colocando outra no luar.

TEÓFILO: Repetindo, por qualquer modo de argumentação aquela existência de saber e com arguta persuasão extraí-la, o quanto puder, dessa estulta opinião, a fim de que se tornem dispostos a ouvir e dialogar, tendo primeiro aquele que ensina advertido para que sejam talentosos, capazes e hábeis. Estes, segundo a escola pitagórica e nossa, não quero que tenham a faculdade de exercitar atos de interrogatório ou oponentes antes que tenham ouvido todo o curso de filosofia. Porquanto, se a doutrina é perfeita em si e foi perfeitamente compreendida por eles, irá apagar todas as dúvidas e eliminar todas as contradições.

Além disso, pode acontecer que se encontre uma mente mais polida, que agora se poderá ver, que se pode acrescentar, tolher, corrigir e mudar. Será possível então conferir esses princípios e estas conclusões aos outros adversários, e destarte razoavelmente consentir ou discordar, interrogar e responder. De outra forma, não é possível saber acerca de uma arte ou uma ciência, duvidar ou interrogar sobre uma questão e com as ordens que lhe convém, se não ouviram antes.

Ninguém poderá ser um bom examinador e juiz de uma questão se não tiver sido informado previamente a respeito dela. Todavia, nos casos em que a doutrina vai por seus graus, procedendo de princípios expostos e confirmados e julgamentos e perfeição de coisas, que, por aquilo que se possa encontrar, o ouvinte deve ser taciturno e antes de haver ouvido e entendidos, crer que com o progresso da doutrina cessarão todas as dificuldades.

Outros costumes tiveram Efético e Pirrônio, os dois céticos, os quais, afirmando que coisa alguma se poderá saber, vão sempre perguntando e sem querer jamais encontrá-lo. Mentalidades não menos infelizes são aqueles que querem disputar a respeito de coisas claríssimas, incorrendo na maior perda de tempo que se possa imaginar. Também aqueles que para parecerem doutos e por outras indignas ocasiões não querem ensinar, nem aprender, mas apenas contestar e opor-se à verdade.

SMITH: Ocorre uma dúvida sobre o que você me disse: que havendo inumerável multidão dos que se presumem saber muito e dignos de serem sempre ouvidos, você verá por todas as universidades e todas as academias que estão cheias desses arístarcos pedantes. Eles nada acreditariam, nem mesmo no poderoso Júpiter. Sobre aqueles que estudamos, eles nada ganharão a não ser promovidos ao clube dos que não sabem o que é a privação da verdade e pensar e crer que sabem, o que é insensatez e raiz de falsidade.

Veja ainda o que ganharam esses ouvintes: afastados da ignorância da simples negação, serão levados à ignorância da má disposição, como foi dito. Agora, quem me assegurará que gastando tanto dispêndio de tempo e de esforço, e de melhores estudos e ocupações, não me aconteça o que sói acontecer constantemente, ou seja, em vez de aprender a doutrina não me tenham infestado a mente de perniciosa insensatez?

Como eu, que nada sei, poderei conhecer a diferença entre dignidade e indignidade, da pobreza e riqueza daqueles que se consideram e são considerados sábios? Vejo bem que todos nascemos ignorantes, crescemos e somos educados com a disciplina e costumes de nossa casa, e não menos ouvimos censuras à lei, aos ritos, à fé e aos costumes de nossos adversários e alienados de nós e das nossas coisas.

Por não menos são plantadas em nós por força de certa natural nutrição as raízes do zelo de nossas coisas, que muitos outros adotam. Assim, facilmente se pode tornar costume que a nossa própria nação pensa em fazer um sacrifício aos deuses, quando tiverem oprimido, matado, debelado e assassinado os inimigos de nossa fé. Não é menos verdade que aqueles outros farão o mesmo conosco?

Eles agradecerão a Deus com não menos fervor e persuasão de certeza de ter a luz pela qual se promete a vida eterna, e nós oferecemos graças de não estar na cegueira e trevas em que eles estão. A esses convencimentos de religião e fé adicionam-se os convencimentos de ciência. Eu, ou por eleição daqueles que se governam, pais e pedagogos, ou por mero capricho de meu ânimo, estimarei ter ganhado sob a arrogante e afortunada ignorância de um cavalo, do que qualquer outro menos ignorante ou douto. Não se sabe quanta força tenha o costume de crer, e ser nutrido desde a infância com certos convencimentos, para bloquear as coisas mais elevadas da inteligência.

De nenhuma outra forma pode acontecer só aqueles que são impelidos a tomar veneno, o temperamento daqueles, ao final, não somente não se sentem ultrajados por isso, mas ainda se o converteram em nutrição natural, de maneira que o antídoto tornou-se-lhe mortal? Agora me diga, com que maneira aconselhará estas tuas orelhas, antes uma do que a outra, sendo que o ânimo deste é talvez menos inclinação para atender às suas proposições, do que aqueles de mil outras?

TEÓFILO: Este é o dom dos deuses, se te guiam e dispensam a oportunidade de fazer vir ao encontro de um homem que não só tenha a reputação de verdadeiro guia, e ele seja de fato, e iluminam o interior de tua alma para escolher qual é o melhor deles.

SMITH: Contudo, vai-se comumente ao encontro do juízo comum, a fim de que, se for errado, não será sem grande favor e concordância.

TEÓFILO: Pensamento muito indigno de um homem. Por isso, os homens sábios e divinos são bem poucos. A vontade dos deuses é esta, considerando que não é julgado de valor nem precioso, tanto que é comum e geral.

SMITH: Muito bem! Que a verdade seja conhecida por poucos e as coisas preciosas sejam possuídas por pouquíssimos. O que me confunde é que coisas sejam poucas entre poucos, e talvez por um só, que não deve ser de valor, não valham nada e possam ser insensatez e vícios.

TEÓFILO: Muito bem! No final porém é mais seguro procurar o verdadeiro e conveniente não no meio de uma multidão, porque esta nunca trouxe alguma coisa preciosa e digna. As coisas perfeitas e de valor sempre foram encontradas nas mãos de poucos. Essas, se fossem isoladas e raras, todas ainda que não se soubesse encontrá-las, ao menos poderia conhecê-las. Assim, não seriam conhecidas pela cognição, mas apenas pela posse.

SMITH: Deixemos pois essas discussões e vamos um pouco ouvir e observar os pensamentos do Nolano. Basta que se concilie tanta fé, que seja considerado digno de ser ouvido.

TEÓFILO: Isto basta para ele. Agora veja como sua filosofia é forte para conservar-se, defender-se, desmascarar a vaidade e revelar as mentiras dos sofistas e a cegueira da multidão e a filosofia vulgar.

SMITH: Para esse fim, por ser já noite, voltamos aqui amanhã à mesma hora, e refletiremos sobre as descobertas e a doutrina do Nolano.

PRUDÊNCIO: *Sat prata biberunt; nam iam nox humida caelo praecipat.* (Os prados ficam embebidos o suficiente, desde que numa noite úmida o orvalho desce do céu).

Fim do primeiro diálogo.

SEGUNDO DIÁLOGO
Personagens: Teófilo, Smith, Prudêncio, Frulla

TEÓFILO: Disse-lhe então o Senhor Franco Grivello: "Por favor, Senhor Nolano, faça-me compreender as razões pelas quais o Senhor acredita que a terra se mova!" E o Nolano respondeu que não podia lhe dar razão alguma, por não conhecer a capacidade de Grivello. Não sabendo como se fazer entender por ele, temia fazer como aqueles que se explicam diante de estátuas e vão falar aos mortos.

Melhor seria, portanto, que Grivello se fizesse primeiro conhecer, expondo as razões que o persuadissem do contrário. Porque, segundo as luzes e a força da inteligência, ele fará prova durante sua exposição, das soluções que poderiam lhe ser fornecidas. Acrescente-se a isto, por desejo de demonstrar a imbecilidade das opiniões contrárias às suas, segundo os mesmos princípios que aparentemente as confirmam, lhe dariam grande prazer de encontrar interlocutores capazes de discutir esta questão. Desse modo se poderia ver a virtude dos fundamentos dessa filosofia contra os da filosofia vulgar, pareceria bem melhor do que lhe oferecesse melhor ocasião de responder e de explicar.

Muito agradeceria ao Senhor Folco essa resposta. Disse: "Você me faz um grande favor". Aceito sua proposta e quero marcar um encontro, que nos forneça de exame dos argumentos. Na quarta-feira de cinzas, daqui a oito dias, que será a quarta-feira de cinzas, você será convidado muito especial, com muitos cavalheiros e ilustres personagens, a fim de que, após comer, se possa abrir discussões sobre coisas importantes e variadas. Prometo-lhe, disse o Nolano, que não deixarei de comparecer nesse dia e em outros que se oferecerá a mesma ocasião. Porque não haverá forte motivo que me impeça de estudar e compreender. Todavia, peço-lhe que não me faça vir perante pessoas ignóbeis e não versadas sobre esse tipo de debates. E certamente tinha razão de temer, pois nesse país havia muitos doutores, com os quais tinha debatido questões literárias e lhe pareceram mais carroceiros do que qualquer outra coisa que se poderia imaginar. Respondeu o Senhor Folco, que não duvidasse, porque seus convidados tinham tanto de prudência como do saber. Assim ficou combinado. Eis que chega o dia marcado. Musas, ajudem-me.

PRUDÊNCIO: *Apostrophe, pathos, invocatio, poetarum more.* (Invoco ainda no estilo dos poetas).

SMITH: Mestre Prudêncio, peço-lhe que escute!

PRUDÊNCIO: *Libentissimo*! Com todo prazer!

TEÓFILO: O Nolano, tendo esperando em vão após o almoço e não tendo novidade daquele cavalheiro, disse que outras preocupações fizeram-no esquecer a questão e o impediram de levá-la adiante. Sem mais se preocupar, partiu para visitar alguns amigos italianos, e retornando tarde, após o pôr-do-sol.

PRUDÊNCIO: Já o brilhante Febo, voltando as costas ao nosso hemisfério, foi clarear os antípodas com sua luz.

FRULLA: Por favor, mestre, conte você, porque seu modo de contar me agrada demais.

PRUDÊNCIO: Cale-se então, em nome do diabo que tutela você!

TEÓFILO: Retornando a casa nesta noite, encontra na frente da porta o mestre Florio e o mestre Guin, que estavam ansiosos para encontrá-lo, e quando o viram, disseram: "Ó, por favor, vamo-nos rápido, que somos esperados por cavalheiros e doutores, e, entre eles, há um que tem o mesmo nome de um de nós. É preciso pois estarmos à altura das circunstâncias, disse o Nolano. Agora entretanto veio-me à mente uma ideia: eu esperava debater essa questão à luz do sol e o fiz à luz da vela".

Guin desculpou-se por alguns cavalheiros que queriam estar presentes: não puderam participar do almoço e vieram para o jantar. Orsu, disse o Nolano, vamo-nos e rezemos a Deus para nos dar uma escolta para nos acompanhar nesta noite escura, porque o caminho é longo e as ruas não são nada seguras!

Agora, embora nós estivéssemos no caminho reto, em que nos encontrávamos, preferimos pegar um atalho para o Tâmisa, à procura de um barco que nos conduzisse ao Palácio. Chegamos à ponte do Palácio do Milorde Beuckhurst e chamamos aos gritos os gondoleiros. Isto nos fez perder tanto tempo quanto seria suficiente para chegar ao destino por terra e haver feito alguma coisa mais.

Dois barqueiros nos atenderam, e se aproximaram lentamente. Após um rosário de perguntas, respostas, partida, destino, motivo, porquês, como, quanto, eles acostaram o barco na ponte. Um dos dois ocupantes do barco, parecido com um barqueiro antigo do Reino Tártaro, estendeu a mão ao Nolano. Outro, que penso que era filho do primeiro, embora fosse um homem de uns 65 anos, nos acolheu a bordo.

Queira Deus que este homem não seja Caronte, aquele velho barqueiro da mitologia grega, que conduzia os mortos de uma margem do rio até a outra margem para o inferno, disse o Nolano. Creio que está é aquela barca chamada Êmula da *Lux Perpetua*. Ela pode seguramente competir em antiguidade com a arca de Noé. Para mim é relíquia do dilúvio. Quando se tocava numa parte da barca, as outras partes rangiam em coro. O menor movimento ressonava em conjunto. Se não me falha a memória, creio que as muralhas de Tebas eram sonoras, disse o Nolano. Se você não me acredita, escuta só o ranger desta barca. Dir-se-ia que seja um concerto de pífaros, quando as ondas entram, por todos os lados, entre as tábuas desconjuntadas. Nós ríamos, mas Deus sabe porque ríamos, como disseram os versos de Petrarca:

"Vendo seu infeliz império maltratado pela sorte cruel,
Aníbal, sozinho, se pôs a rir entre as lágrimas e os lamentos."

PRUDÊNCIO: *Risus sardonicus*! (Risos sardônicos, como os produzidos por aquela erva da Sardenha!)

TEÓFILO: Nós, atendendo ao convite dessa doce música, da mesma forma que se cede ao amor, aos tempos e às estações, acompanhávamos os sons com nossos cantos. Mestre Florio, como se recordando de seus amores, cantava a velha canção: "Onde então, sem mim, doce vida minha". O Nolano respondia com sua canção "Ó Sarraceno dolente, ó volúvel espírito feminino", e assim por diante. E íamos navegando assim, conforme nos permitia a barca reduzida àquele estado, e os braços dos velhos barqueiros.

PRUDÊNCIO: *Optime descriptum.* (Que bela descrição!).

TEÓFILO: Dessa forma, navegávamos mais no tempo do que no espaço, não tendo feito mais do que um terço da viagem. Pouco além da partida, no lugar chamado O Templo, nossos pilotos, ao invés de apressar-se, dirigem a proa para a margem. O que será que eles querem? Perguntou o Nolano. Talvez recobrar um pouco de fôlego! Foi-nos informado que eles não iriam mais longe, porque ali era o lugar do domicílio dos barqueiros. Pedir e implorar seria pior, porque para esses rústicos, o deus do amor do baixo povo lança flechas.

PRUDÊNCIO: *Principio omni rusticorum generi hoc est a natura tributum, ut nihil virtutis amore faciant, et vix quicquam formidine poenae.* (A natureza estabeleceu, em princípio, que os rústicos de toda espécie nada façam por amor à virtude, nem grande coisa por temor ao castigo).

FRULLA: E aos vilões se aplica também este outro provérbio:

Rogatus tumet,
pulsatus rogat,
pugnis concisus adorat.

> (Ele se incha quando se lhe pedem,
> ele próprio pede quando batem nele;
> e adora que o espanquem).

TEÓFILO: Concluindo: jogaram-nos lá. Quando pagamos e agradecemos (formalidades que as vítimas dessa canalha não podem dispensar nesses lugares), mostraram-nos o caminho para encontrar a estrada. Era o caminho que começava em uma poça, intransponível em tempo normal e mesmo com muita sorte. Então o Nolano, que era mais culto e experiente do que nós, disse: "Creio que há uma passagem; sigam-me!" Não tinha acabado de falar e ei-lo já plantado na lama, de maneira que nem dava mais para sair dela e nós, apoiando-nos uns aos outros, o acompanhamos, esperando que logo chegasse ao fim nosso purgatório.

Entretanto, um destino iníquo e cruel nos fez afundar, ele e nós, nós e ele, em um sujo pântano, como se fosse um poço de ciúmes, ou um jardim de delícias. Como não havia a mínima luz que guiasse, não podíamos distinguir o caminho que tínhamos percorrido e o que nos faltava percorrer. Esperávamos a cada passo o fim de nossos males. Sempre cortando a lama, penetrávamos até os joelhos em direção ao profundo e tenebroso Averne.

Um não podia querer aconselhar o outro. Não sabíamos o que dizer. Guardávamos um silêncio, abalado de vez em quando por gemidos, murmúrios, ranger de lábios. Um exalava um suspiro e parava um pouco, enquanto o outro blasfemava a meia voz; já que os olhos não serviam para nada, os pés seguiam os pés às cegas, com a cegueira na mais pura confusão, tanto que:

> "Aquele homem espera e chora longamente,
> sobre o duro leito, com ar indolente.
> Espera em vão pedra, terra ou um licor,
> ou palavras que acabem com sua dor.

> Quando porém o infeliz descobre
> que o mal que o abate não tem remédio,
> O desespero o abate e ele sente-se à morte,
> desdenha os cuidados e recusa a ajuda".
>
> Luigi Tansilo (1510-1568). Poeta italiano

Era assim que nós nos encontrávamos, depois de haver tentado várias vezes e não ver remédio para o nosso mal, sem mais fundir os miolos em vão. Desesperados, avançávamos pela poça, nas profundezas marítimas dessa lama, cujo fluxo andava do profundo Tâmisa para as bordas.

PRUDÊNCIO: Ó que bela condição!

TEÓFILO: Como o trágico cego de Marco Antonio Epicuro, tomamos nossa resolução:

> "Onde o fatal destino cegamente me guia,
> deixa-me andar e onde meus pés me levam,
> renuncio à piedade de vir.
> Encontrarei talvez um fosso, uma gruta, uma pedra,
> em que possa terminar minha luta,
> precipitando num fundo abismo."

Graças a Deus, porque como disse Aristóteles *non datur infinitum in actu* (Não há infinito em atos), o pior mal foi afastado de nós, e encontramo-nos enfim num pântano. Embora este fosse estreito, com pouca margem para a estrada, tratou-nos mais cortesmente, dando aos nossos pés liberdade de locomoção. Subindo pelo caminho, fomos homenageados pelas águas limpas que deixa a seco uma superfície rochosa, que, passo a passo, nos fez avançar como bêbados, com risco de quebrar o pescoço ou a perna.

PRUDÊNCIO. *Conclusio, conclusio!* (Enfim, enfim!)

TEÓFILO: Para terminar, *tandem laeta arva tenemus* (Nós nos instalamos, enfim, em uma região feliz). Parecia que estávamos nos Campos Elíseos, tendo chegado à grande e extraordinária estrada. Pelos aspectos dos locais em que nos havia levado esse maldito rodeio, encontrávamos a vinte passos do local de onde havíamos partido para encontrar os barqueiros, e perto da casa do Nolano. Os vários dialéticos, as entrelaçadas dúvidas capciosas, enigmas mais obscuros, intrincados labirintos, diabólicas esfinges, fazem-me resolver

> "Neste dilema, neste passo dúbio,
> que devo fazer, que devo dizer, pobre de mim!"

A tentação de entrar naquela casa era forte. O mestre Buazzo e o mestre Pântano nos haviam ocultado essa canga de tal forma que mal podíamos mexer as pernas. Além do mais, as regras da odomancia e da arte de augurar nos desaconselhavam a seguir viagem. Os astros, envoltos pelas sombras e tenebroso manto, cujo ar era muito espesso, nos davam ordem para voltar.

O tempo nos desanimava a seguir adiante, exortando-nos, ao contrário, a recuar alguns passos. O espaço que havia naquele ambiente aplaudia essa ideia. A ocasião, que de uma mão nos havia impelido àquele lugar, de agora em diante, nos jogava a golpes redobrados, no sentido inverso. O cansaço enfim – da mesma forma que uma pedra é atraída para o centro, por natureza e sentido intrínseco – nos indicava o mesmo caminho e nos fazia desviar à direita. Desistir, por outro lado, seria reduzir a zero todos os esforços, nossas experiências e desventuras.

Contudo, dizia o verme da consciência, se esse objetivo nos custou tanto, o que representará, então, apenas 25 passos, que nos reserva a longa estrada que resta para finalizar? Quem não arrisca, não petisca. Além disso, estávamos estimulados por um desejo comum de não decepcionar a expectativa daqueles personagens. Estávamos animados por um desejo comum de não decepcionar a expectativa daqueles cavalheiros e nobres personagens.

Além do mais, estávamos estimulados por um desejo comum de não decepcionar a expectativa daqueles personagens. E ainda, uma dúvida cruel nos retorquia que se eles não se preocuparam nem pensaram em enviar um barco aos cavalheiros naquela situação e naquela hora, eles não iriam se preocupar com nossa ausência.

De um lado, arriscamos a parecer como pouco corteses ou excessivamente implicantes. Poderiam nos censurar por calcular os méritos e os serviços prestados, de sermos pessoas mais habituadas a receber do que a dar, de sermos vis e rústicos, vilões e derrotistas, que preferimos mais a troca de cortesia.

Por outro lado, o interesse particular do Nolano e a promessa que ele tinha feito nos incitava a prosseguir, sem contar que ele é sempre desejoso, quando a ocasião se apresenta, de se ver costumes, conhecer novas realidades, tomar consciência das lacunas intelectuais. Além disso, o tédio comum nos fazia interessar por não sei que espírito que nos apontava certas razões mais verdadeiras do que dignas de serem repetidas.

A quem compete determinar essa contradição? Quem há de triunfar sobre esse livre-arbítrio? De que lado está a razão? O que provocou o fato? Eis aqui esse fato por meio da razão, abrindo a porta do intelecto, penetra no interior e ordena que a faculdade de escolha se decida a favor da continuação da viagem. *O passi graviora*! (Nós passamos por tantas provas!) A força da decisão vai nos dizer se somos pusilânimes, levianos, inconstantes, sem energia.

PRUDÊNCIO: *Exaggeratio concinna!* (Belo exagero retórico!)

TEÓFILO: Não é; essa empresa é possível apesar de difícil. A dificuldade é a de que ela não foi criada para os covardes. As coisas comuns e fáceis são criadas para as pessoas comuns. As pessoas raras, heróicas e divinas passam por este caminho de dificuldade, a fim de lhes ser concedida a palma da imortalidade. Ajunte-se a isto que, ainda que seja possível chegar ao fim da luta e levantar a láurea, aplicamos esforços em algo importante e resistimos até o último suspiro. Não só quem vence, mas também quem não morre de medo será laureado. Os covardes jogam a culpa de sua derrota e morte na sorte e mostram ao mundo que não é por suas falhas mas pelos infortúnios.

Não só é digno de honra quem mereceu a láurea, mas ainda aqueles que lutaram para serem dignos e fizeram o suficiente para merecê-la. Vergonha é o prêmio àqueles a quem o desespero ou a descrença em si afrouxam a carreira e não chegam, ainda que por último, a atingir a meta com o que lhes resta de fôlego e vigor. Vença então a perseverança, porque se a fadiga é grande, o prêmio não será menor. Todas as coisas preciosas são conseguidas com dificuldade. O caminho da felicidade é estreito e espinhoso. Grande coisa talvez lhe promete o céu:

Pater ipse colendi
haud facilem esse viam voluit, primusque per artem
Movit agros, curis acuens mortalia corda,
nec torpere gravi passus sua regna veterno.

(O pai dos deuses
quis tornar a agricultura difícil;
Ele fez o primeiro metodicamente remexer as terras,
aguçando a inteligência dos mortais,
e não permitiu a seu império se reduzir
por seu próprio torpor).

PRUDÊNCIO: Este progresso é muito enfático e conviria melhor a um assunto de maior importância.

FRULLA: É lícito e possível por força de princípios exaltar as questões de menor importância, as quais terão seu mérito reconhecido e verdadeiramente dignificados. Esses atos são mais ilustres e sugestivos do que os de se enaltecer os grandes, porque esses acreditam em tudo pela sua grandeza. Ou então acham que podem manter a superioridade sobre as outras pessoas já superiores, que atribuirão mais à sua razão e seus méritos do que aos favores e cortesia da política. Por sua vez, o político não tem o costume de homenagear pessoas de grande mérito, dignas e virtuosas, porque estas não parecem tão suscetíveis de retribuir na mesma moeda os favores recebidos. Além disso, têm essa prudência, para aparentar a fortuna, que o poder cego ficou merecedor, é superior à virtude e ao mérito.

Se, às vezes, exaltam um homem de bem e honrado entre os já cobertos de honra, mas raramente o ponto de não preferir qualquer outro, a fim de lembrar quanto de autoridade há sobre o mérito. Além disso, o mérito não tem valor, a não ser na medida consentida e autorizada. Agora, vamos ver com que semelhança podemos entender porque Teófilo exagera tanto nesta questão. Sobre ela, apesar de parecer grosseiro, tem ao seu alcance os escritores antigos, quando eles exaltam a estaca, a vara, as urtigas, o mosquito, as moscas, a noz, o rabanete, o arco de ferro e outras coisas parecidas. Ou então, os escritores contemporâneos, quando eles exaltam o figo, o candelabro, e outras coisas consideradas sem valor ou que fazem mal ao estômago.

Trata-se, contudo, de procurar entre os outros uma dupla de indivíduos que se julgam de alto significado e que o céu lhe prometa grandes coisas. Você não sabe que quando o filho de Cis, chamado Saul, procurava asnos, foi considerado digno e foi coroado rei do povo israelita? Vamos, vamos ler o primeiro livro de Samuel. Você verá que esse gentil personagem dava mais importância em achar asnos do que exercer as funções reais. Antes porém, parecia que não ficava satisfeito com o reino se não encontrasse os asnos. Respondia a Samuel, quando este falava em coroá-lo. "E onde estão os asnos? Os asnos, onde estão? Meu pai me mandou procurar os asnos e você quer impedir-me de encontrá-los?"

Em conclusão, ele só sossegou quando o profeta lhe disse que havia encontrado os asnos. Quis acenar talvez que ele tinha aquele reino e podia ficar satisfeito, pois já tinha os asnos, e, ainda por cima, o reino. Eis portanto como a procura de um objeto vil pode se sobrepor a um reino. Prossiga então, Teófilo, a sua narração. Narra-nos o sucesso da procura dos asnos, que fez o Nolano. Conte-nos o restante dos casos dessa viagem.

PRUDÊNCIO: *Bene est, pro bene est, prosequere*, Theophile. (Você fez bem em prosseguir, Teófilo).

SMITH: Vamos nos apressar porque está na hora do banquete. Diga, em poucas palavras, o que aconteceu quando você decidiu seguir o longo e enfadonho caminho, antes de retornar a casa.

TEÓFILO: Levante e venha. Teófilo está pronto para saber que, no presente momento, não se oferece ocasião de colocar minha narração no mais alto nível. Você não tem oportunidade de falar daquela divindade da terra, daquela singular e raríssima senhora, que, deste céu frio, vizinho ao paralelo ártico, espalha sua luz clara a todo o globo terrestre. Refiro-me à rainha Elizabeth, que por título e dignidade, não é inferior a qualquer outro rei que haja no mundo. Quanto ao julgamento, sabedoria, razão e arte de governar, não é facilmente seguida por outrem. Nem tampouco quanto ao conhecimento das artes, nem à erudição científica, inteligência e prática de todas as línguas vulgares e eruditas faladas na Europa, deixo ao mundo todo averiguar o lugar que ela ocupa entre todos os reis e príncipes.

Certamente, se o império da fortuna correspondesse e fosse igualado ao império da nobreza intelectual e espiritual, a grande Anfitrite deveria abrir sua franja e alargar tanto sua circunferência como se nela se incluísse a Britânia e a Ibernia. Ela tem em sua copa um outro globo inteiro, que vinha igualar-se ao universo, em que, com mais significado sustinha o globo de uma completa e geral monarquia.

Você não terá ocasião para falar de tão maduro, discreto e previdente conselho, com o qual aquele ânimo heróico, com 25 anos ou mais, como o sinal de seus olhos, no centro da borrasca de um mar de adversidades fez triunfar a paz e a tranquilidade. Resistiu firmemente à violência das ondas, à cólera das vagas, a multiplicidade de tempestades lançadas contra ela com o ímpeto desse orgulhoso e louco Oceano que o envolve de todos os lados.

Agora eu ouço falar o nome de ilustres e excelentes senhores, que não conheço nem tenho a intenção de conhecê-los: um grande tesoureiro do reino, assim como Roberto Dudley, conde de Leicester. O mundo inteiro conhece sua generosa magnanimidade, à qual se fazem referências ao mesmo tempo da glória da rainha e do reino. Vigora nas províncias vizinhas, a reputação de acolher com particular apreço todo estrangeiro merecedor de graça e respeito.

Esses dias, junto com o Senhor Francisco Walsingame, gran Secretário do Conselho da Rainha, assentam-se próximo ao sol do esplendor real. O brilho da alta nobreza deles é suficiente para dissipar e afastar a obscuridade, e com o calor de sua amável cortesia saberá refinar e purgar toda grosseria e modos rudes não só dos britânicos, mas também os citas, árabes, tártaros, os canibais e os antropólogos. Você não escolheu o melhor momento para trazer à discussão a honesta conversa, a civilidade, a excelente educação de tantos cavalheiros e de altas personagens do reino, entre as quais o ilustre e excelente Felipe Sidney, que nós conhecemos como de alta elegância, e é tão raro e singular que não encontraríamos outro igual, tanto dentro como fora da Itália.

Em compensação, coloca-se perante os olhos a imagem importuna de uma multidão de plebeus. Se os outros não colocarem ordem no recinto, esse esgoto humano exalaria tão mau odor e fumaças mal cheirosas que seria capaz de manchar a reputação de todo o povo britânico, e faria a Inglaterra se queixar de ter um povo menos respeitoso, mais grosseiro, incivil, rústico, mais mal-educado que a terra tem no seu seio.

Deixando de lado alguns cidadãos ingleses merecedores de fé, honra e nobreza, eis aqui exposta, ante os olhos, outra parte que, quando vê um forasteiro, parece, meu Deus, que se compõe de ursos ou de lobos, que, com seu turvo aspecto, fazem-lhe aquela cara, que pareceria um poço que se perdeu de seu chiqueiro. Este ignóbil populacho, no que tange ao nosso assunto, está dividido em duas partes.

PRUDÊNCIO: *Omnis divisio debet esse bimembris, vel reducibilis ad bimembrem.* (Toda divisão deve ser em desdobramento ou reduzida a um desdobramento).

TEÓFILO: De uma das duas, se colocam os artesãos, os comerciantes, que, conhecendo você como um forasteiro, em algum aspecto, lhe torcem o nariz, caçoam de você, fazem piadas, chamam-no de cão na linguagem deles, traidor e estrangeiro, este último epíteto em tom injurioso, expondo-o como digno de receber todos os castigos do mundo, seja velho ou jovem, seja togado ou armado, nobre ou cavalheiro. Todavia, se por infelicidade surge a oportunidade de dar com a mão na cara de um deles, ou passar a mão numa arma, você verá como a rua ficará repleta de um exército de brucutus a ameaçar você.

De repente, segundo cantam os poetas, estes, com dentes de dragão semeados por Jasão, transformam-se em homens armados. Esses gaiatos parecem brotar da terra, ou certamente saem de suas bodegas. Fazendo uma honrosa e gentil prospectiva de uma selva de bastões, de longas lanças, alabardas, forças rutilantes, as quais ainda que autorizadas pelo príncipe para melhor uso nessas ocasiões. Assim, você os verá arrojar-se sobre você, com fúria rústica.

Não se pergunta a quem, porque, onde e como, sem que um consulte o outro, Cada um virá expor seu desprezo natural pelo estrangeiro e medindo-o de todos os lados, a menos que seja impedido pela balbúrdia dos outros que mostram a mesma intenção. Se você não se prevenir, eles deverão enfiar o chapéu na sua cabeça. Se por acaso estivesse presente um homem de bem, esse cavalheiro a quem a infâmia desagrada, este, ainda que fosse um duque ou um conde, duvidando com seu dono, hesitaria em partilhar seu destino, sem algum proveito para você. Aqueles gaiatos não têm respeito aos outros quando estão integrados nesta fúria armada. Você será forçado a recolher-se e esperar, sem discussão, o fim.

Quando você pensa em descansar, exausto e com as costas coloridas, encontrará os mesmos agressores, tantos esbirros e safados. Você teria a espinha e as pernas quebradas, como se estivesse nos anéis de Mercúrio ou montado no cavalo de Pégaso, ou no ginete de Perceu, ou cavalgando no hipógrifo de Astolfo, ou andado no dorso do dromedário de Madian, ou trotasse sobre um dos camelos dos três reis magos. Eles o fariam correr à força de pancadas, para ajudá-lo a avançar com esses punhos orgulhosos, que melhor seriam patas de boi, de asno ou de mula. Não te deixariam mais, a não ser que o jogassem na prisão.

PRUDÊNCIO: *A fulgure et tempestate, ab ira et indignatione, malitia, tentatione et furia rusticorum.* (Do raio e da tempestade, da cólera e da indignação, da malícia, da tentação e do furor dos grosseiros, livrai-nos, Senhor!)

FRULLA: *Libera nos, Domine!* (Que Deus nos guarde desses!)

TEÓFILO: Além desses, ajunta-se a categoria dos servidores. Não falo daqueles da primeira classe, que são os barões cavalheiros e que, de ordinário, não trazem nem emblema nem marca, a não ser por demasiada ambição de alguns ou por adulação servil de outros. Entre esses, encontram-se boas maneiras.

PRUDÊNCIO: *Omnis regula exceptionem patitur.* (Não há regra sem exceção).

TEÓFILO: Todavia, excetuando porém alguns de todos os níveis, que possam ser casos excepcionais, falarei de outros tipos de servidores. Esses outros são a segunda parte e trazem a marca saliente sobre o dorso. Há outros, da terceira classe; os superiores deles não são tão grandes senhores que lhes convenham dar a marca aos seus servidores, ou esses são considerados indignos e incapazes de portá-las. Outros constituem a quarta classe e seguem os marcados e não marcados e são servos de servos.

PRUDÊNCIO *Servus servorum non est malus titulus usquequaque.* (Servos de servos não são um mau título para eles).

TEÓFILO: Esses da primeira classe são os pobres e arruinados mercadores, que, para satisfazer às suas necessidades, ou para obter favores, vêm-se colocar à sombra dos grandes. Geralmente, estes não têm poder de barganha e é sem indignidade que seguem seus senhores e são favorecidos e benquistos.

Os de segunda classe são pequenos comerciantes arruinados e artesãos e aqueles que não obtiveram proveito de seus estudos literários e semelhantes. Esses são de uma escola, sem sucesso, do comércio varejista ou ambulante e outros assim.

Os da terceira classe são aqueles folgados, frouxos, que, para evitar maior fadiga, deixaram a atividade liberal para não trabalhar mais arduamente. É o caso desses barqueiros que deixaram o barco e dos terrestres que deixaram o arado.

Os últimos da quarta classe, formam uma turba de desesperados, de pobres, de desprezados pelos superiores, de foragidos da tempestade, de peregrinos da sorte, vadios, desiludidos e inertes, ladrões desempregados, os recém-libertados das prisões, dos estelionatários dispostos a tapear alguém que lhes caia às mãos. Alguns vêm das colunas da Bolsa, das portas das igrejas, como a de São Paulo. Da mesma forma, se você for a Paris, encontrará muitos deles jogados na praça da porta do Palácio, na grade de São Paulo, em Veneza no Rialto, em Roma do Campo das Flores.

Dos três últimos tipos são aqueles que para mostrar quanto são importantes em sua casa e que são pessoas de bom estômago, são bons soldados cheios de bravura e desprezam todo mundo. Se alguém os olha com indiferença, eles o atiçarão com toque de ombros como uma galera de combate e o farão voltear a praça para demonstrar a força deles, a robustez e o poder, que seriam suficientes para colocar um exército em retirada. Se o transeunte for estrangeiro, eles lhe cederão a praça e irão ensiná-lo de mil maneiras o que eles sabem em matéria de conjugação de forças de César, Heitor e de um boi. Eles não se contentam em imitar um asno, que, quando é chicoteado segue o caminho reto. Se você não se move, ele tampouco se move e fará sacudir na roda se não for ele que sacudirá você.

Os carregadores de água fazem também assim. Se você se distrair, eles o farão sentir a ponta daquele nariz de ferro que está na boca da jarra. Igualmente fazem os que transportam cerveja. Eles têm a malandragem de ferir você durante o passeio deles e o farão sentir o peso da carga que eles levam, toda a força de suas espáduas, capazes de demolir uma casa e puxá-la como se fosse uma carroça.

Nessas ocasiões, pela autoridade que eles têm nesse caso, que os torna desculpáveis, porque eles têm mais de cavalo, mula e asno do que de gente, acusam todos os outros que tenham um pouco de razão, e que, mais do que os outros. Têm precedentes, têm imagem e semelhança ao homem. Eles, em vez de lhe dizer "bom dia" ou "boa noite" depois de lhe haver feito um gracioso aceno, virão em seguida sacudi-lo como brutos.

Acuso, digo, aqueles outros que fingem fugir ou perseguir algum, ou ter algum compromisso urgente, irrompem de um salão e com fúria subitamente para lhe dar uma pancada nas costas ou no ombro, com tanta violência como um touro em fúria. Assim aconteceu há poucos meses com o pobre mestre Alexandre Citolino. Ele teve o braço reduzido a pedaços, com riso e prazer de toda a praça, e querendo requerer à Justiça ouviu do magistrado que aquilo não poderia ter acontecido naquela praça.

Presta pois atenção para o fato de, se tiver que sair de sua casa sem necessidade urgente, evite um pequeno giro pela cidade. Quando estiver fora, não se esqueça de fazer o sinal-da-cruz, armado da couraça da paciência, que possa à prova do arcabuz, e disponha-se a suportar o mal menor, para evitar que lhe inflijam um pior. Por que então se lamentar, infeliz? Você acredita se ignóbil um animal malhado? Você se esqueceu, Nolano, o que está escrito no seu livro chamado *Arca de Noé*?

Enquanto os animais deviam se enfileirar na arca, pondo fim às discussões a respeito da precedência, o asno não perdeu o primeiro lugar, que era o de sentar na popa da arca.

No terrível dia do "Julgamento Final", que animais foram escolhidos para representar a mais nobre parte do gênero humano, a não ser os cordeiros e os cabritos? Tratam-se desses que são viris, intrépidos, corajosos. Eles não serão separados, uns dos outros. Os mais venerandos, ferozes, agressivos, serão distintos, como os pais dos cordeiros e dos cabritos. Desses, porém os primeiros na corte celestial têm aquele privilégio que os segundos não têm. Se você não acredita, erga um pouco os olhos e veja quem conduz os sinais do céu. Qual é o animal que, com possante chifrada, abre o ano?

PRUDÊNCIO *Aries primo; post ipsum, Taurus.* (Áries em primeiro, depois o outro, o Touro).

TEÓFILO: Quem foi julgado digno de ser considerado próximo e segundo deste grande príncipe e capitão, a não ser o grão-duque dos rebanhos, a quem dão escolta os dois Ganimedes, os dois jumentos que você conhece? Considere então quais e quantas são estas raças de pessoas, que têm a primazia em outro lugar, do que dentro de uma arca inundada.

FRULLA: Certamente, não saberia encontrar diferença alguma entre estes e aquele gênero de animais, exceto que uns dão testadas e outros testadas e ombradas. Deixemos, entretanto, essas digressões, e voltemos aos acontecimentos que ocorrerão no resto da viagem nesta noite.

TEÓFILO: Depois que o Nolano tinha recebido pancadas, particularmente ao lado da pirâmide que se ergue junto do palácio junto das três ruas, seis cavalheiros vieram ao nosso encontro. Um deles lhe deu um empurrão tão gentil que valeria por dez e o fez dar uma batida na parede, que valeria por mais dez.

Tanchi, maester! (Obrigado, mestre!) disse o Nolano. Acho que ele agradeceria ao seu agressor por só tê-lo batido no ombro e não com aquela ponta que é posta no centro do broquel ou do penacho do capacete. Este foi o último golpe, porque, pouco após, por graça de São Fortúnio, após ter percorrido caminhos tão mal traçados, passado por tão duvidosas voltas, depois de ter transposto cursos d'água tão impetuosos e deixado atrás terrenos tão pedregosos, graças aos céus, chegamos sãos e salvos à porta de onde queríamos. Bastou tocá-la, que ela se abriu.

Entramos e encontramos na parte térrea muitos e diferentes personagens e serviçais, que sem se interromper, sem inclinar a cabeça, sem que qualquer sinal de reverência, com seus gestos traduzindo desprezo, fizeram o favor de nos mostrar a porta. Atravessamos o salão, subimos no andar superior e pareceu-nos que, após havermos esperado desesperadamente, sentaram-se à mesa. Houve depois saudações e troca de cumprimentos.

PRUDÊNCIO: *Vicissim.* (Reciprocamente)

TEÓFILO: Realizaram-se algumas outras pequenas cerimônias. Entre outras, houve uma cômica. Um de nós, sendo oferecido o último lugar, pensou que fosse lugar de honra, portanto ele seria o chefe. Por humildade, queria se instalar onde estava sentado o primeiro. Em pequeno espaço de tempo, em contraste com aqueles que por cortesia queriam que ele se sentasse no último e ele que humildemente queria sentar-se no primeiro lugar. Em conclusão, o mestre Flório sentou-se face a face com o cavalheiro que sentava na cabeça da mesa. O senhor Folco a direita do mestre Flório. Eu e o Nolano à esquerda de mestre Flório. O doutor Torquato à esquerda do Nolano. O doutor Nundínio face a face com o Nolano. Com a graça de Deus, não houve economia nesse cerimonial de Cântaros e taças, que se passam de mão em mão pela mesa, de alto a baixo, da direita à esquerda e de outros lados, sem outra ordem a não ser da cortesia campestre.

Depois que aquele que comanda o baile tirou a taça da boca e deixou nela uma migalha de pão, outro bebeu com uma pequena fatia de carne e outro deixa cair nela um fio de barba. Cada um se regala, com essa desordem, gustando toda bebida, e ninguém são tão mal criado a ponto de não deixar na taça alguma cortesia de lembrança que tinha no bigode.

Se alguém não aprecia beber ou não tenha estômago para isso, basta aproximar o copo da boca para notar algum vestígio de seus lábios. Essa prática tem uma razão de ser. Da mesma forma, os convivas se reuniram, como lobos carnívoros, para comer a carne de um mesmo cordeiro ou cabrito, ou um porco. Assim, levando à boca o mesmo bico eles mamam na mesma sanguessuga. É sinal de urbanidade, fraternidade, moléstia, coração, estômago, garganta e boca; estão unidos em todas essas.

Essa cerimônia se faz com certas gentilezas e bagatelas, que fazem a mais bela comédia do mundo. É a mais crua e enfadonha tragédia que possa encontrar um cavalheiro que participe dela, quando pensa em ser obrigado a fazer como fazem os outros, temendo que seja considerado incivil ou descortês. Assim é porque a cortesia e a civilidade atingem aqui seu ponto de perfeição. Como porém este costume só é seguido nas mesas menos nobres e não acontece em outras a não ser com certa razão mais permissível, deixemos nossos convidados em seu banquete. Amanhã falaremos sobre o que aconteceu após a refeição.

SMITH: Até a vista.

FRULLA: Adeus.

PRUDÊNCIO: *Valete.* (Adeus!)

Fim do segundo diálogo.

TERCEIRO DIÁLOGO
Personagens: Teófilo, Prudêncio, Frulla, Smith

TEÓFILO: Agora, Doutor Nundínio, depois de se ter colocado à vontade, sacudindo suas costas, posto as duas mãos sobre a mesa, olhando um pouco em volta, deslizando a língua na boca, levantou os olhos ao céu, irradiou um delicado sorriso, propôs a questão que se vai em seguida.

PRUDÊNCIO: *In haec verba, in hosce prorupit sensus.* (Eis as primeiras palavras, as primeiras frases que ele vai proferir).

Primeira proposta de Nundínio

TEÓFILO *Intelligis, domine, quae diximus?* (Você percebe, senhor, o que dizemos?) E lhe pergunto se entende o idioma inglês. O Nolano responde que não e disse a verdade.

FRULLA: Melhor para ele, porque ele entenderia mais coisas desagradáveis e indignas e não as coisas contrárias. É melhor ser surdo por necessidade, do que se a pessoa fosse surda por escolha. Porém, facilmente me persuadiria de que ele a entenda, mas para não tolher todas as ocasiões, que lhe são colocadas nesses encontros incivis. Para poder filosofar melhor a respeito dos costumes dos que estão à sua frente, ele finge não entender.

PRUDÊNCIO: *Surdorum alii natura, alii physico accidente, alii rationali voluntate.* (Alguns são surdos por natureza, outros por causa de acidente, outros por opção voluntária).

TEÓFILO: Não imagina isto dele, porque malgrado seja percorrido um ano, que permaneceu neste país, não entende mais do que duas ou três palavras vulgares. Essas são saudações, mas particularmente aquela que queira dizer: e daquelas, se ele quisesse proferi-las, uma só, não conseguiria.

SMITH: Que quer dizer essa tão pouca capacidade de entender nossa língua?

TEÓFILO: Uma coisa houve que o constrangesse ou que o indicasse a isso. Porque aqueles que são honrados e gentis, com os quais ele conseguiu conversar, todos sabem falar latim ou francês, ou espanhol, ou italiano. Estes, sabendo que a língua inglesa não vem sendo utilizada a não ser na ilha deles, não conhecem outra língua a não ser a sua.

SMITH: Isto é totalmente verdadeiro, isto é, que é algo indigno não só para um inglês bem nascido, mas ainda de qualquer geração, não saber falar mais do que uma língua. Não só na Inglaterra, mas estou certo de que também na Itália e na França, são muitos os nobres dessa condição, com os quais, quem não tem a língua do país não se pode conversar sem aquela angústia que sente alguém que precisa interpretar e ser interpretado.

TEÓFILO: É verdade que ainda há muitos cavalheiros que não são de linhagem, com certeza os quais melhor para eles, para nós, é bom que não sejam entendidos nem vistos.

A respeito da segunda proposta de Nundínio

SMITH: O que sugere o Doutor Nundínio?

TEÓFILO: Eu por isso, disse em latim, desejo interpretar o que estamos falando, que é verdadeiro. Copérnico não tinha opinião de que a terra se movesse, porque esta é uma questão inconveniente e impossível. Ele porém atribuiu o movimento a ela, antes do que ao oitavo céu, para a comodidade dos cálculos mais fáceis. O Nolano disse que, se Copérnico disse que a terra se movesse por uma só causa e não por outras, então ele o entendeu pouco e não suficiente. Certo é, contudo, que Copérnico a expôs e provou suas proposições.

SMITH: O que quer dizer essa tese que eles formularam tão levemente sobre a opinião de Copérnico, sem poder apoiar-se sobre nenhuma das teorias dele?

TEÓFILO: Saiba que essa afirmação nasceu do Doutor Torquato, do qual eu quero crer que ele tenha virado todas as páginas de Copérnico. Entretanto, ele reparou apenas no nome do autor, título da obra, nome do impressor, local da impressão, ano, número de cadernos e de páginas.

Não sendo tão ignorante em gramática, não tinha compreendido certa Epístola liminar juntada ao livro por não sei que asno ignorante e presunçoso. Como se ele quisesse trazer seu apoio ao autor, desculpando-o, ou então oferecer aos outros asnos a ocasião para pastar, uma vez que havia nesse livro algumas ervas e frutos, de modo que eles não partissem em jejum, o prefaciador advertiu o leitor, antes que começasse a ler a obra e examinasse suas teses.

"Não tenho dúvidas de que alguns eruditos (disse alguns, dos quais ele pode ter sido um deles), sendo já divulgada a fama das nove hipóteses dessa obra, querendo que a terra fique imóvel e o sol esteja estável e fixo no universo, não se sintam muito ofendidos, julgando que isto seja um princípio para pôr em confusão a arte liberal quanto está tão bem organizada."

Porém, se eles quiserem considerar a coisa, acharão que este autor, o Copérnico, não é merecedor de repreensão, porque é próprio dos astrônomos recolher com diligência e arte à história de movimentos celestes. Não podendo, pois, por alguma razão, encontrar as verdadeiras causas desse movimento, é-lhes permitido substituí-los por princípios de geometria, mediante os quais tanto pelo passado, quanto pelo futuro, se possa calcular o que não é necessário, mas que as suposições sejam verdadeiras, e também verossímeis.

Assim devem ser julgadas as hipóteses deste autor. A menos que ele não seja tão ignorante em ótica e em geometria para crer que o afastamento de quarenta graus e ainda mais que marca Vênus afastando-se do sol, tanto de um lado como de outro, possa ser causado pelo movimento que ela descreveria sobre seu epiciclo.

Se fosse verdade, quem seria tão cego para não ver as consequências que decorreriam contra toda experiência? O diâmetro da estrela pareceria quatro vezes maior – e o corpo dela mais de 16 vezes maior quando ela está perto, ao oposto de seu apogeu, do que quando ela está muito afastada e atinge o que se chama o seu tabuleiro.

Veja agora, que belo porteiro! Considere que ele abra a porta para você entrar na participação daquela honrada teoria, sem a qual saber computar e misturar, e geometrar e prever é passatempo de insanos engenhosos. Considere como ele serve fielmente ao patrão da casa.

Para Copérnico, não foi suficiente dizer apenas que a terra se move, mas ele ainda confirma e enfatiza isso, escrevendo ao Papa. Disse que as opiniões dos filósofos estão muito longe das opiniões da gente comum, indignas de serem seguidas e mais dignas ainda de serem repelidas, como contrárias ao verdadeiro e correto.

E muitas outras indicações expressas surgem de sua decisão. Não obstante, de certo modo, quer ao juízo comum, tanto daqueles, que entendem esta filosofia, como de outros, que são puros matemáticos, que, se pelos aparentes inconvenientes não agradasse tal suposição, convém que também a ele seja concedida liberdade de pôr o movimento da terra para fazer demonstrações mais firmes daquelas que fizeram os antigos. Estes eram livros para criar tantos tipos e modelos de círculos, para demonstrar os fenômenos dos astros. De quais palavras não se pode recolher, que ele duvide disso, que tão constantemente confessou. Não se saberia concluir dessas teorias que Copérnico coloca em dúvida o que ele proclamou constantemente que iria provar no Livro Primeiro, respondendo como convém aos argumentos dos partidários da teoria contrária. Nisto sua posição não é somente a do matemático que formula hipóteses, mas aquela também do físico que demonstra o movimento da terra.

Contudo, certamente ao Nolano pouco se adiciona, que Copérnico, Niceta Siracusano Pitagórico, Filolau, Eraclide di Ponto, Ecfanto Pitagórico, Platão no *Timeu*, embora timidamente e inconstantemente, porque a tinha mais pela fé do que pela ciência.

O divino Cusano (Nicolau de Cusa – 1401-1464) no seu segundo livro *A doce ignorância*, e outros tenham tratado de raros assuntos, ensinando e confirmando antes. Porque o Nolano deduziu por outros próprios e mais sólidos princípios, pelos quais, não por autoridade mas por vivo sentido e razão, tem assim por certo este como qualquer outra coisa que possa ter como certa.

SMITH: Isto está bem! Porém, por favor, que argumento é esse, que traz nesse prefácio do Copérnico, porque lhe parece que tenha alguma veracidade (se não for verdade), do que a estrela de Vênus deva ter tanta variedade de grandeza quanto de distância?

TEÓFILO: Este louco, que teme e zela que alguém endoideça com a doutrina de Copérnico, não sei se por necessidade, teria podido ter mais inconvenientes do que aquele, que por ter trazido com tanta solenidade, julga conveniente para demonstrar que pensar dessa forma seja próprio de uma ignorante ótica e geometria.

Quereria saber com qual princípio de prospecto ou de ótica nós, com toda variedade de diâmetro, possamos definitivamente concluir a justa distância ou a maior e menor diferença. Desejaria compreender se nós cometemos erros, cheguemos a essa conclusão errada: da aparência da quantidade do corpo luminoso não possamos inferir a verdade da sua grandeza e de sua distância. Porque, se não é a mesma razão do corpo opaco e corpo luminoso e outro mais luminoso e outro luminosíssimo, possamos estimar a grandeza e ver a distância deles.

O tamanho da cabeça de um ser humano não se vê a duas milhas de distância, mas a chama, muito menor de uma lanterna, ou outro tipo diferente de chama, ver-se-á, sem muita diferença, a sessenta milhas de distância. Seria como se vê em Otranto, na região da Púglia, ou em alguma região da Calábria os faróis de Avellona na Albânia, embora o mar Jônio separe essas regiões.

Cada um, que tenha senso e razão, sabe que, se as luzes forem mais brilhantes, em dupla proporção, como são vistas agora à distância de setenta milhas, sem variar a grandeza, seriam vistas à distância de 140 milhas. Em tripla proporção, de 210, a quádrupla de 280. Porque é pela qualidade e intensidade da luz, mais do que pela quantidade de corpos inflamados, que se toma por base para perceber que esse corpo guarda o mesmo diâmetro e a mesma massa.

Você quer então, sábio ou estagiário de ótica, que se eu vejo um lume cem estágios distantes, de quatro polegadas de diâmetro, pareceriam estar cinquenta estágios adiante, devia haver oito. À distância de 25 estágios, 16, de 12 e meio, 32, e assim por diante, até que muito perto venha a ser aquela grandeza que você está pensando.

SMITH: De acordo com que você diz, embora seja falsa, não se poderá negar a falsidade, por razões geométricas, a opinião de Heráclito de Éfeso, de que o sol é da mesma grandeza que ele aparece aos nossos olhos. Epicuro é da mesma opinião, como se vê na sua obra *Epístola a Sófocles*. No seu livro 11º, *Da natureza,* como nos relata Diógenes Laércio, dizendo que na medida em que ele pode julgar a grandeza do sol, a lua e de outras estrelas é tão grande quanto aparece aos nossos sentidos, porque se eles fossem perder a distância, perderiam a grandeza, perderiam a cor. O que não está certo é julgar que essas luzes deles estejam perto de nós.

PRUDÊNCIO: *Illud quoque epicureus Lucretius testatur quinto De natura libro*:

> *Nec nimio solis maior rota, nec minor ardor*
> *Esse potest, nostris quem sensibus esse videtur.*
> *Nam quibus e spaciis cumque ignes lumina possunt*
> *Adiicere et calidum membris adflarem vaporem,*
> *Illa ipsa intervalla nihil de corpore libant*
> *Flammarum, nihilo ad speciem est contractior ignis.*
> *Lunaque sive Notho fertur loca lumine lustrans,*
> *Sive suam proprio iactat de corpore lucem.*
> *Quicquid id est, nihilo fertur maiore figura.*
> *Postremo quoscumque vides hinc aetheris ignes,*
> *Dum tremor est clarus, dum cernitur ardor eorum,*
> *Scire licet perquam pauxillo posse minores*
> *Esse, vel exigua maiores parte brevique,*
> *Quandoquidem quoscumque in terris cernimus ignes,*
> *Perparvum quiddam interdum mutare videntur*
> *Alterutram in partem filum, cum longius absint.*

Lucrécio (Sobre a natureza)

(A ronda do sol e o calor que ela exala não podem estar
entre os maiores nem entre os menores que aparecem aos
nossos sentidos.
Porque a alguma distância de nós, se encontrarmos uma
lareira, desde que ela permaneça capaz de enviar a luz,
e de soprar sobre nossos membros seu bafo quente,
o intervalo que nos separa dela nada leva à substância
de suas chamas.

Não estreita em nada, aos nossos olhos,
as dimensões de seu fogo.
Da mesma forma a lua; seja que ela tome emprestada a
luz que nos ilumina em seu curso, seja que ela tira de sua
própria substância os raios que projeta, mas o que quer
que seja, ela não aumenta de tamanho ao deslocar-se.
Enfim, todos os fogos que você vê brilhar aqui embaixo,
no éter, desde que seu brilho se torne visível, desde que
seu clarão seja perceptível, pode-se concluir que devem
ser muito pouco, de pequena e fraca parte, maiores
ou menores, que elas parecem.
É porque os fogos que nós vemos sobre a terra não
parecem modificar sensivelmente nos dois sentidos
suas dimensões e seus contornos de acordo com
o grau de distância.)

TEÓFILO: Veremos, como você diz, que, com a razão comum e própria em vão, os geômetras virão discutir com Epicuro. Eu não diria os tolos, mas só aqueles mais sábios. Veremos como podemos concluir que à mesma distância qual é o diâmetro do corpo do planeta, e outras semelhantes. Antes, quero chamar sua atenção para outra coisa. Você vê como é grande o corpo da terra? Sabe que não poderíamos ver isto, o que forma um horizonte artificial?

SMITH: Assim é.

TEÓFILO: Agora, você crê que, se fosse possível retirar-se fora da terra em qualquer ponto da região etérea, esteja onde quiser, que nunca ocorreria que a terra parecesse maior?

SMITH: Acho que não, porque não há motivo para que a minha linha de visão deva ser mais forte, e alongar o semidiâmetro do horizonte.

TEÓFILO: Bem pensado. Porém é de se acreditar que o horizonte não cessa de diminuir conforme se afasta. Contudo, com esta diminuição do horizonte observada vem ajuntar-se a confusa vista de algum que está além do horizonte. E assim, com a nova diminuição do horizonte, sempre crescerá a extensão do arco, para a linha hemisférica e além dela. A qual distância, ou quase àquela medida, veremos a terra com os mesmos acidentes com que vemos a lua ter as partes lúcidas e obscuras, segundo sua superfície aquática, ou terrestre.

Na medida em que mais se estreita o ângulo visual, tanto vai aumentando mais a base maior e se estende do arco hemisférico, e tanto ainda em menos quantidade aparece o horizonte. Queremos que este continue a chamar-se horizonte embora segundo o costume, tenha significado próprio. Afastando-se, portanto, cresce sempre a compreensão do hemisfério e da luz, que, quanto mais o diâmetro diminui, tanta vantagem vem reunir-se, de maneira que, se nós estivermos mais distantes da lua, as suas manchas seriam sempre menores, até que pareça só um corpo pequeno e lúcido.

SMITH: Parece-me que foi entendida uma coisa não vulgar e não de pouca importância. Porém, por favor, venham as opiniões de Heráclito e Epicuro a este respeito, que, conforme você diz, podem ser contra a razão exposta, por defeitos de princípios já notados nesta ciência. Agora, para descobrir estes defeitos e ver algum fruto de sua invenção, gostaria de entender a explicação daquele argumento, com o qual muito demonstrativamente, que o Sol não só é grande, mas também maior do que a Terra. O princípio desse argumento é o de que o corpo luminoso maior, espargindo sua luz a um corpo opaco menor, da sombra produz a base nesse corpo opaco e o cone, além dele, na parte oposta.

TEÓFILO: Agora veja como um corpo luminoso menor pode iluminar mais da metade do corpo opaco maior. Você deve se lembrar do que a experiência nos revela. Colocados dois corpos, dos quais um é opaco e grande, e o outro pequeno e luminoso, se será colocado o corpo luminoso na mínima e primeira distância, você verá iluminar o opaco segundo a razão do pequeno arco.

SMITH: Parece-me, quanto a esta questão, que eu deva ser satisfeito, fica ainda uma confusão em minha mente a respeito do que você disse antes. É como nós levantando-nos da terra e perdendo a vista do horizonte, cujo diâmetro sempre mais e mais se vai atenuando, veremos esse corpo ser uma estrela.

Gostaria que àquilo que você me disse fosse acrescentado alguma coisa sobre isso, sendo que considera muito que a terra seja semelhante a esta, antes inumerável. Recordo-me de ter visto Nicolau de Cusa, cuja opinião sei que você não reprova, a qual diz que o sol tem partes diferentes, como a lua e a terra. Pelo que ele diz, se fixarmos os olhos atentamente no corpo do sol, veríamos no meio daquele esplendor, mais de forma circunferencial do que outra forma, tendo notável opacidade.

TEÓFILO: Foi dito divinamente por ele e aplicado de forma louvável por nós. Se me recordo, ainda há pouco disse que, enquanto o corpo opaco perde facilmente o diâmetro, o lúcido dificilmente. Acontece que, devido à distância, se anula e se dissipa a aparência do obscuro. Contudo, a do iluminado transparente ou de outra forma luminoso, se une, e dessas partes luminosas dispersas se forma uma visível luz contínua. Porém, se a lua estivesse mais longe, não haveria eclipse. Poderia todo ser humano que saiba refletir sobre estas coisas, mas aquela mais longe seria ainda mais luminosa.

Nesta, se nós fôssemos, não seria mais luminosa aos nossos olhos, como, sendo nesta terra, não vemos o seu lume que leva àqueles que estão na lua, que é maior do que aquele que você não recebe pelos raios de sol no seu cristal líquido difundido. Da luz particular do sol não sei se se deve julgar do mesmo modo ou de outro. Agora você verá até quanto estamos ultrapassados daquela ocasião. Parece-me que é tempo de voltar à nossa proposta.

SMITH: Será bom compreender as outras alegações que ele possa ter apresentado.

A terceira proposta do Dr. Nundínio

TEÓFILO: Disse em seguida Nundínio que não pode ser provável que a terra se mova, sendo ela o meio e o centro do universo, ao qual sabe ser fixo e constante fundamento de todo movimento. Respondeu o Nolano que a mesma coisa pode dizer quem acha que o sol está no centro do universo, e portanto imóvel e fixo como entende Copérnico e muitos outros que estabelecem um limite para o universo esférico.

Este raciocínio é nulo contra aqueles e levanta os próprios princípios. É nula também conta o Nolano, que julga o mundo infinito e portanto não há corpo algum nele, que simplesmente convenha no meio e no extremo, ou entre esses dois limites, mas por certas relações a outros corpos e limites.

SMITH: O que isto lhe parece?

TEÓFILO: Muito bem dito! Porque, da mesma forma que se averiguou que um corpo natural não é absolutamente redondo, nem por consequência dotado de um centro no absoluto, igualmente entre os movimentos sensíveis e físicos que observamos nos corpos naturais, não há um só que se afaste muito do movimento absolutamente circular e regular em torno de um centro.

Apesar dos esforços desses cuja imaginação dirige e fecha as órbitas irregulares ou as diferenças de diâmetro, inventando tantos emplastros e receitas para cuidar da natureza, ela se coloca a serviço do mestre Aristóteles, ou de qualquer outro, para concluir que todo movimento é contínuo e regular em volta do centro.

Nós, porém, que prestamos atenção, não às sombras da imaginação, mas às próprias coisas, nós que consideramos um corpo aéreo, etéreo, espiritual, líquido, um vasto reservatório de movimentos e de repouso, imenso e infinito, nos é necessário ao menos afirmá-lo já que nem o senso da razão nos faz ver o fim. Sabemos com certeza que tendo o efeito e o produto de uma causa infinita e de um princípio infinito, deve ser infinitamente infinito quanto à sua capacidade física e quanto ao seu modo de ser.

Estou certo de que não só a Nundínio, mas também a todos aqueles que são professores da arte de compreensão não poderão jamais encontrar razões semiprováveis, pela qual o universo corpóreo tenha um limite. Em consequência, os astros contidos no seu espaço são em número finito. Nem mesmo que o universo tenha naturalmente determinado centro e meio dele.

SMITH: Agora Nundínio, você tem alguma coisa a acrescentar? Trouxe algum argumento ou verossimilhança para inferir que o universo, em primeiro lugar, seja finito? E segundo, que teria no seu centro; em terceiro, que este meio seja em tudo imóvel, sem movimento local.

TEÓFILO: Um homem que diz alguma coisa, diz por fé ou por hábito, e quando nega, nega por dissonância ou novidade. Este é o comportamento comum desses que refletem pouco e não estampam mais suas tentativas racionais do que seus atos naturais. Nundínio permanece atônito e bestificado, como é possível ser diante de uma súbita e fantástica aparição. Como aquele, portanto, que era um pouco mais discreto e menos orgulhoso e maligno do que seu companheiro, silenciou e não acrescentou palavras a que não poderia atribuir significado.

FRULLA: Não é assim o Doutor Torquato, que bem ou mal, por Deus ou pelo diabo, sempre quis combatê-la; até mesmo quando perdeu o escudo da defesa e a espada do ataque. Digo, quando não há mais resposta nem argumento, salta nos pés da cólera, aguça as unhas da detração, afia os dentes da injúria, escancara os clamores, para que não cheguem aos ouvidos dos que se encontrem perto, como ouvi falar.

TEÓFILO: Nada disse a não ser sobre este assunto, mas entrou em outra questão.

Quarta proposta do Nundínio

Vimos que o Nolano, de passagem, disse que há inúmeras terras semelhantes a esta, mas o médico Nundínio, como bom dialogante, não tendo coisa alguma a acrescentar a esta questão, começou a levantar questões estranhas à de que estamos tratando. Nosso assunto era sobre a mobilidade e imobilidade deste globo, e ele interroga sobre a qualidade dos outros globos. Quer saber de qual matéria são aqueles corpos, que foram considerados da quinta essência da matéria inalterável e incorruptível, cujas partes mais densas são as estrelas.

FRULLA: Esta interrogação me parece fora de propósito, apesar de eu não entender de Lógica.

TEÓFILO: O Nolano, por cortesia, não quis insistir nesse ponto. Depois, contudo, de haver dito que lhe agradaria que Nundínio seguisse a matéria principal, ou que interrogasse sobre aquela, respondeu-lhe que os outros globos são terras, não são, em ponto algum, diferentes de nossa espécie. Diferencia-se apenas no tamanho maior ou menor, da mesma forma que entre as espécies animais pelas diferenças individuais. Por outro lado, entre as esferas de seu fogo como se fosse o sol, crê que diferenciam especificamente, como o calor e o frio, luminoso por si e por outro.

SMITH: Por que disse acreditar "por enquanto" e não o afirmou absolutamente?

TEÓFILO: Por temor de que Nundínio se afastasse da questão, que novamente havia levantado, e se aferrasse a esta. Deixo de lado a ideia de que a terra, sendo um animal, e, em consequência, um corpo diferente, deve ser considerada como um corpo frio em algumas partes, principalmente nas partes externas, ventiladas pelo ar. Então, devemos considerá-la quente e mesmo quentíssima. Deixo de lado ainda que numa discussão que se faz sobre os princípios do adversário, que professa e faz questão de ser peripatético, e de outra parte, observando os princípios próprios estabelecidos e provados, e não apenas concedidos, chegamos à conclusão de que a terra é comparativamente tão quente como o sol.

SMITH: Como assim?

TEO: Porque, pelo que tínhamos dito, à medida que se esvaem as partes obscuras e opacas do globo e se unem as partes cristalinas e luminosas chega-se sempre às regiões mais e mais distantes para difundir mais luminosidade. Ora, se a luz é a causa do calor, como Aristóteles e muitos outros afirmam, segundo eles, a lua e outros astros são também mais ou menos quentes, conforme sejam parte, mais ou menos, de sua luz.

Na opinião deles, quando eles dizem que certos planetas sejam frios, o termo só é justo quando em comparação com certas condições. Resultará dessa propriedade da luz, que, enviando para longe seus raios na região etérea, a terra lhe transmitirá, ao mesmo tempo, igual quantidade de calor.

Ora, para voltar a Nundínio, ei-lo que começa a mostrar os dentes, a alargar as bochechas, a franzir os olhos, a enrugar as sobrancelhas, a dilatar as narinas. Extrai de seu pulmão um cocoricar de galo, tipo de risada, dando a entender que ele compreendeu bem, que tinha razão e o outro interlocutor dizia coisas ridículas.

FRULLA: E se for verdade, viu como ele ria?

TEÓFILO: Isso ocorre a quem oferece doces aos porcos. Perguntado porque tinha dado risada, respondeu que as outras terras, que tinham as mesmas propriedades e acidentes, como imaginava e dizia o Nolano, era uma ideia exposta na obra de Luciano: *Narrações verdadeiras*.

Respondeu o Nolano que quando Luciano disse haver outra terra habitada e cultivada como a nossa, compreendia a caçoada desses filósofos que afirmaram haver muitas terras, particularmente a lua, cuja semelhança com nosso globo e tanto mais sensível quanto é mais próximo de nós. Longe de ter razão, mostrou-se tão ignorante e cego como os demais. Porque, se examinarmos bem o problema, acharemos que a terra e outros corpos, que são chamados astros, sejam membros principais do universo. Como eles dão vida e nutrição às coisas das quais retiramos a matéria e a ela restituímos, assim e mais ainda são dotados de vida própria, para a qual, como uma ordenada e natural vontade, de intrínseco princípio se movem para as coisas e pelos espaços convenientes a eles.

Não há outros motores extrínsecos suscetíveis de colocar em movimento esferas imaginárias e deslocar esses corpos como se estivessem encravados nas esferas. Se fosse realmente assim, a violência do movimento ultrapassaria a natureza do móvel, o movimento seria mais imperfeito e o motor agitado e laborioso, sem contar outros inconvenientes que surgiriam.

Consideremos então, que, como o macho se move para a fêmea e a fêmea para o macho, cada erva e animal são levados, de forma mais ou menos expressa, ao seu princípio vital, como para o sol e outros astros. O ímã é movido para o ferro, a palha para o fogo, e finalmente todas as coisas vão de encontro ao semelhante e afasta-se do contrário. Tudo vem do princípio suficiente interior pelo qual naturalmente é provocada uma atividade natural, e não se um princípio exterior, como se vê acontecer àquela coisa, movido ou contra ou fora da própria natureza.

A terra e outros astros se movem de acordo com espaços diferentes em virtude de um princípio intrínseco, que é sua própria alma. Vocês acham, pergunta Nundínio, que esta alma seja sensitiva? Não só sensitiva, disse o Nolano, mas também intelectiva. Não só intelectiva como a nossa, mas talvez ainda mais. A essas alturas, Nundínio se calou e não mais riu.

PRUDÊNCIO: Parece-me que a terra, sendo animada, deve não gostar quando fazem nela grutas e cavernas, como, para nós, causa dor e desprazer quando se planta em nosso corpo um dente ou se perfura nossa carne.

TEÓFILO: Nundínio não se parece tanto com Prudêncio, a ponto de querer que este argumento mereça ser exposto, embora lhe tenha vindo à lembrança. Porque ele não é tão ignorante em filosofia para não saber que, se ela tem sentido, eles não são semelhantes aos nossos. Da mesma forma acontece com todas as outras partes do corpo, que têm relação com outros seres que chamamos de animais, e comumente são considerados só animais. Nundínio não é tão bom como Prudêncio, nem tão mau médico, que não saiba que a grande massa da terra torna-se insensível.

Creio também que ele pode compreender esta comparação: entre os animais que nós reconhecemos como animais, as partes do corpo estão continuamente em alteração e movimento. Tem um certo fluxo e refluxo, recolhendo sempre alguma coisa de extrínseco e eliminando alguma coisa de intrínseco, donde o alongamento das unhas, alimentação dos pelos, da lã e dos cabelos, a cicatrização da pele, o endurecimento do couro. Da mesma forma, a terra recebe o fluxo e o refluxo das partes, em que muitos animais manifestam-se a nós como tais, fazem-nos ver expressamente que eles têm vida. É mais que evidente, desde então, que todas as coisas participantes da vida, muitos e inumeráveis indivíduos vivem não só em nós mas em todas as coisas compostas. Quando vemos mais uma coisa "morrer", como se diz, não devemos tanto crer na sua morte, mas sua transformação. Cessa aquela composição e concórdia, mas os elementos que a constituem permanecem sempre mortais. É verdade que aqueles que se chamam espirituais são mais do que aqueles ditos corporais e materiais, como mostraremos em outras ocasiões.

Voltemos porém ao Nolano quando viu Nundínio ficar quieto, e sentindo-se um pouco aborrecido da zombaria de Nundínio comparada às posições do Nolano à obra de Luciano: *Narrações verdadeiras*, expressou um pouco de sua bílis. Declarou ao doutor que em debate com pessoas honestas, devia evitar rir e caçoar do que não poderia entender. Se eu não rio de suas fantasias você não deveria rir de minhas. Se eu debato com você com civilidade e respeito, ao menos você deveria agir de idêntica forma, já que conheço seus dotes intelectuais e se eu quisesse defender a ideia das narrações de Luciano, você não estaria em condições suficientes para destruí-la. Eis como ele dá ao riso uma resposta colérica, depois de dar à questão uma resposta com maiores razões.

A quinta proposta de Nundínio

Pressionado Nundínio tanto pelo Nolano como pelos outros, de que ele deveria deixar de lado as questões do porquê, como e produzir algum argumento....

PRUDÊNCIO: *Per quomodo et quare quilibet asinus novit disputare*. (Com a forma, como e porquês, cada asno sabe debater).

TEÓFILO: Ao final, ele fez isto, do qual estão cheios todos os panfletos: que se fosse verdadeiro que a terra movesse de um lado que chamamos Oriente, necessário seria que as nuvens de ar parecessem correr ao Ocidente, por motivo da velocidade e extrema rapidez do movimento de nosso globo, que, no espaço de 24 horas, deveria haver cumprido tão grande turno.

A isto respondeu o Nolano que este ar que atravessava as nuvens e o vento é parte da terra. Porque o que se chama terra deve designar, segundo ele, toda a máquina e todo o animal inteiro, que se compõe de tantas partes diferentes, de maneira que os rios, as pedras, os mares e todo o ar vaporoso e turbulento, que repousa nos altíssimos montes, pertencem à terra como membros dela. É como o ar que está no pulmão e outras cavidades dos animais pelas quais respiram, dilatam as artérias e cumprem outras funções vitais.

As nuvens, então, são postas em movimento por acidentes que afetam o corpo terrestre. Elas se encontram, por assim dizer, nas entranhas dele, como as águas. Assim entendeu Aristóteles, no primeiro livro das Meteorológicas ao dizer que: "este ar que envolve a terra a tornam úmida e quente pela exalação dela, tem atrás de si um outro ar que é quente e seco, onde não se encontram nuvens, este ar está situado fora da circunferência da terra e da superfície que a define a fim de assegurar que ela seja perfeitamente redonda. Quanto aos ventos, eles nascem lá longe, mas nas entranhas e cavidades da terra. Porém, sobre os altos montes não surgem nem ventos nem nuvens; lá o "ar se move regularmente em círculo, como o corpo do universo". Talvez isto fosse o que Platão entendia quando disse que nós habitávamos as concavidades e a parte obscura da terra, e que a mesma proporção diz respeito aos animais que vivem sobre a terra e esta tem o mesmo com os habitantes, os peixes que vivem na espessa umidade.

Isso significa que, de certa maneira, esse ar vaporoso é água, e puro ar, em que vivem os animais mais afortunados, assim este nosso ar é água para eles. Eis então de onde se pode partir para responder ao argumento referido por Nundínio. Porque o mar não está na superfície, mas nas entranhas da terra como o fígado, fonte dos humores, está dentro de nós. Este ar turbulento não está fora, mas como se estivesse no pulmão dos animais e não do lado de fora.

SMITH: Como é então que nós vemos o hemisfério inteiro, se nós habitamos nas entranhas da terra?

TEÓFILO: Da massa da terra do globo, não só na superfície, mas também nas que estão nos interiores, à vista do horizonte, vê-se assim uma convexidade de um lugar para outro. Neste caso, não pode haver o impedimento que vemos quando entre os nossos olhos e uma parte do céu se interpõe um monte, cuja proximidade pode impedir a perfeita visão do círculo do horizonte. A distância desses montes, que seguem a convexidade da terra, que não é plana, mas esférica, faz com que não seja possível ver além delas.

SMITH: Gostaria de saber se a proximidade dos montes mais altos é perturbada por esse impedimento.

TEÓFILO: Não, mas aqueles que são próximos dos montes menores sim. Porque os montes não são muito altos, a não ser que a altura deles seja tão grande que impeça nossa visão. Isto nos leva a compreender, além deste, muitos horizontes artificiais, em que os acidentes de uns não podem provocar alterações de outros. Porém, por montes muito altos, não podemos entender os Alpes e os Pirineus e outros, mas alguma coisa como a França inteira, situada entre os dois mares, ou seja, o Atlântico ao norte e o Mediterrâneo ao sul.

Desses mares em direção a Auvergne, na França, sempre se vai subindo, como também dos Alpes aos Pirineus, que foram outros picos de um monte altíssimo. Despedaçado pelo tempo (que, em outros lugares, formam outros montes de acordo com a renovação de partes da terra) eles formam muitas elevações particulares, que chamamos de montes.

Quanto ao exemplo que deu Nundínio, referente aos montes da Escócia, onde talvez ele tenha estado, mostra que ele não entendeu bem o que seja "montes altíssimos". Porque a verdade é inteiramente um monte, que levanta a cabeça sobre a onda do mar. O cume desse monte deve estar situado no ponto mais elevado da ilha: esse cume atinge a altura em que o ar é mais tranquilo. Isto prova que se trata de um dos mais elevados montes, região em que vivem os animais mais afortunados.

Alexandre Afrodiseo, filósofo aristotélico, fala do monte Olimpo, em que a experiência das cinzas do sacrifício mostra a condição do monte altíssimo e do ar sobre os confins e membros da terra.

SMITH: Você me deu ampla satisfação e me revelou altamente muitos segredos da natureza, que sob esta chave estão escondidos. Respondendo ao argumento extraído dos ventos e das nuvens, encontra-se a resposta à objeção apresentada por Aristóteles no Segundo Livro do seu tratado, *Do céu e do mundo*. Segundo ele, seria impossível que uma pedra lançada ao alto pudesse cair seguindo a mesma linha perpendicular. Seria porém necessário que o rapidíssimo deveria deixá-la bem atrás, do lado do Ocidente. Porque, sendo essa projeção voltada ao interior da terra, é necessário que o movimento dessa última altere todas as relações entre as linhas retas e oblíquas, em vista das diferenças entre o movimento da nave e o movimento do que a nave contém.

Se não fosse assim, não se poderia trazer um objeto em linha reta de um bordo a outro da nave e não seria possível que alguém desse um salto e retornasse ao lugar de onde saiu.

TEÓFILO: Assim se move com a terra tudo que se encontra nela. Portanto, se de um lugar fora da terra um objeto for lançado nela, o movimento terrestre o impediria de ter uma trajetória reta.

SMITH: Partindo dessa diferença, abre-se a porta para muitos e importantes segredos da natureza e profunda filosofia. Porque é muito frequente e pouco considerada a diferença de quem medica a si próprio e quem é medicado por um outro. Não há dúvida de que temos mais prazer e satisfação se comemos alimentos de nossa escolha do que se for oferecida por outrem. As crianças, quando podem se alimentar por seus próprios meios, não recorrem voluntariamente aos meios de outrem.

É como se a natureza quisesse ensiná-los que o proveito diminui com o prazer. As crianças em amamentação, veja como elas se agarram nos seios. No que toca a mim, o roubo não impressiona se for feito por empregado doméstico, porque um familiar, mais do que um estrangeiro, tem não sei o que de nebuloso e misterioso, uma vez que revela mau gênio e evoca um grande presságio.

TEÓFILO: Para ir direto ao assunto, suponhamos que dois homens sejam colocados, um a bordo de uma nave em movimento, e outro fora dela. Eles levantam a mão à mesma altura e desse mesmo ponto deixam cair uma pedra ao mesmo tempo, sem lhe dar qualquer impulso. A pedra do primeiro, sem se separar nem se desviar de sua linha, atingirá o local prefixado, e a pedra do segundo será jogada para trás.

Isto é devido a uma só razão: a pedra que é largada pela mão do que está a bordo do navio é levada pelo seu movimento; tem essa força, que não terá a pedra que proceda da mão de quem está fora. Apesar disso, as pedras têm o mesmo peso, atravessam, o mesmo ar, partem do mesmo ponto e sofrem o mesmo impulso.

Dessa diferença não podemos dar outra explicação, exceto a de que as coisas que estão no navio ou que lhe pertençam se deslocam com ele. A primeira pedra é dotada da força do motor que se move com o navio, e a outra da força do motor que não participa desse movimento. Daí resulta claramente que não é do ponto de partida do movimento nem do ponto de chegada, nem da intermediária percorrida que nasce da força do deslocamento em linha reta, que nasce a eficácia da força primeiramente imprimida, da qual depende toda a diferença. É o quanto basta para responder suficientemente às propostas de Nundínio.

SMITH: Então amanhã nos reencontramos para as demais propostas que Torquato terá para oferecer.

Fim do terceiro diálogo

QUARTO DIÁLOGO
Personagens: Teófilo, Smith, Prudêncio, Frulla

SMITH: Você quer que eu diga a causa?

TEÓFILO: Diga então.

SMITH: Porque a divina escritura (o sentido da qual deve ser muito recomendado, como coisa das inteligências superiores, que não erram) em muitos lugares acena e supõe opinião contrária.

TEÓFILO: Quanto a isto, creia-me, se os deuses se dignassem a nos ensinar a teórica das coisas da natureza, como fizeram o favor de nos proporcionar a prática das coisas morais, eu mais me aproximarei da fé e das revelações dela, dando-lhes crédito, do que me deixar levar pela certeza das minhas razões e meu próprio sentimento.

Contudo, como claramente todos podem ver nos livros divinos, o objetivo do nosso intelecto não se trata de demonstrações e especulações acerca das coisas naturais, como se fosse filosofia. Trata-se mais de regular, por leis das quais nosso espírito e nossa mente recebem a graça, a prática das ações morais.

Tendo então o divino legislador esse objetivo diante dos olhos, não se trata de falar de acordo com a verdade, para a qual não aproveitaríamos os vulgares para afastar-se do mal e ligar-se ao bem. Dessa questão o pensamento deixa aos homens contemplativos e fala ao povo de maneira que, em segundo o seu modo de entender e de falar, venha compreender o que é mais essencial.

SMITH: Tanto mais alguém que queira dar ao universo dos homens vulgares a lei e a forma de viver, se usasse termos que só ele entendesse e poucos outros. E viesse tecer considerações e questões de assuntos indiferentes, sem consideração com a finalidade das leis, pareceria certamente, que ele não endereçaria a sua doutrina à multidão em geral, para a qual as leis são promulgadas, mas aos entendidos e espírito generosos e àqueles que são verdadeiramente homens, os quais fazem o que lhe convém, sem se incomodar com a lei.

Por isso disse Alcazele, filósofo sumo pontífice e teólogo maometano, que o fim da lei não é tanto de procurar a verdade das coisas e especulações quanto à bondade dos costumes, proveito da civilização, bem-estar dos povos e prática para comodidade da conversação humana, manutenção da paz e crescimento de repúblicas. Muitas vezes, então, e a muitos propósitos, é uma questão de estultice e ignorância apresentar as coisas de acordo com a verdade, do que adaptá-las às circunstâncias e à comodidade. Como disse um sábio: "Nasce um sol e se põe, volta-se ao meio-dia e se inclina ao Aquilão." Se tivesse dito: "A Terra se volta para o Oriente, deixando atrás o sol que se põe, e se inclina para os dois trópicos, de Câncer para o sul e Capricórnio para o Aquilão, os ouvintes ficariam espantados".

Poderiam dizer: "Como pretendem eles que a Terra está em movimento? Que novidades são essas?" Eles acabariam por considerá-lo um demente, e realmente foi considerado como tal. Então, para satisfazer ao importunismo de algum rabino impaciente e rigoroso, desejaria saber se com o favor da mesma escritura, isto que dizemos se possa confirmar facilmente.

TEÓFILO: Talvez queiram dizer essas referências, que, quando Moisés disse que Deus, entre os outros luminosos, fez para que os outros sejam menores do que a lua? Ou verdadeiramente o senso vulgar e ordinário modo de compreender e falar? Não há tantos astros maiores do que a lua? Não pode haver maiores do que o sol? O que falta à terra para ser um luminar mais belo e maior do que a lua, que recebendo o mesmo modo no corpo do oceano, e outros mares mediterrâneos o grande esplendor do sol, possa comparecer lucidíssimo corpo aos outros mundos, chamados astros, não menos do que aqueles aparecem como tantas brilhantes tochas?

Certamente, não chamando a terra de luminária grande ou pequena, mas assim qualificando o sol e a lua, Moisés disse bem e verdadeiramente em seu conceito. Porque ele se devia fazer entender de acordo com a forma das palavras e sentimentos comuns e não como algum doido ou estúpido em termos de conhecimento e sabedoria. Falar com linguagem verdadeira quando não há necessidade é querer que o populacho e a multidão tola, que nada sabem entender a não ser o que decorre da prática, do que é empírico, tenha um entendimento particular. Seria como querer que a mão tenha olhos, que a natureza não seja feita para ver mas para agir e acompanhar a vista.

Nessas condições, se bem que Moisés entendesse a natureza como substâncias espirituais, para que fim tratar dela a não ser quando algumas delas tenham contatos e transações com os homens, quando estes se apresentam como embaixadores? Ele não ignorava que o que vale para o nosso mundo vale igualmente para a lua e outros corpos do universo. Visíveis ou invisíveis. Convenha tudo aquilo que convém ao nosso mundo, ou, mais ou menos, a mesma coisa, mas teria cumprido a missão do legislador, na sua opinião, aprofundando-se nessas dificuldades e dando-as aos povos? O que há para a prática das nossas leis o exercício das nossas virtudes aos outros?

Lá onde os homens divinos falam pressupondo as coisas naturais e sentido comumente recebido, não se deve considerá-los como de autoridade. Entretanto, quando falam de forma indiferente e sem inclinação para o vulgar, devemos prestar atenção ao que dizem os homens divinos. E também ao entusiasmo de poetas que se dirigem a nós como se fossem inspirados por uma luz superior. Não se deve tomar por metáfora o que não foi dito como metáfora, e, ao contrário, tomando como verdadeiro o que foi dito como dissimulação.

Contudo, essa distinção entre a metáfora e o verdadeiro não cabe a todos compreendê-la, já que não é dado a todos a capacidade de compreendê-la. Se nós quisermos dedicar a atenção a um livro contemplativo, natural, moral e divino, nós a encontraremos favorável e louvável. Trata-se do livro de Job, um dos mais singulares que se possa ler. É uma obra repleta de excelente teologia, de filosofia natural e de doutrina moral, em que abundam as sábias opiniões. Moisés adicionou-as aos livros de sua lei como um sacramento. Nisso, um dos personagens desse livro, querendo descrever a providência e o poder de Deus, declarou que Deus mantém a paz entre suas eminentes criaturas, ou seja, entre seus filhos sublimes que são os astros, os deuses dos quais os outros que são fogos, outros que são águas (como nós dizemos, outros sóis, outras terras). Estes concordam, porque, embora sejam contrários, um necessita do outro para viver, nutrir-se e se desenvolver. Enquanto não se confundem juntos, mas com certa distância, uns se movem em direção aos outros, mantendo certa distância.

Desta forma o universo se diferencia em fogo e água, que são sujeitos de dois primeiros princípios formais e ativos, frio e quente. Aqueles corpos que aspiram o calor são os sóis, que, por si próprios, são luminosos e quentes. Aqueles corpos que aspiram o frio são as terras, que, sendo igualmente corpos heterogêneos, são chamados águas, tendo em vista que tais corpos pelos quais se fazem visíveis, que merecidamente as chamamos porque se tornam sensíveis. Digo sensíveis, não por si mesmos, mas pela luz do sol espalhada sobre sua face.

Essa doutrina recebe a concordância de Moisés, que dá o nome de firmamento ao ar em que todos os corpos estão instalados e no espaço em que se constata a distinção e a divisão das águas superiores, que são as dos outros globos. É onde se diz que as águas foram separadas das águas. Examinando atenciosamente a Escritura divina, ver-se-á que os deuses e ministros do Altíssimo são chamados de águas, abismos, terras e chamas ardentes, que impediam de chamar corpos neutros, inalteráveis, imutáveis, quinta-essência, parte mais densa das esferas, carboidratos, parte mais densa das esferas, carbúnculos e outras fantasias, cuja falta de pertinência não impediria o vulgo de alimentar-se?

SMITH: Eu, certamente, muito me impressiono pela autoridade do Livro de Job e de Moisés. Esse sentido da realidade me atrai mais facilmente do que as metáforas e as abstrações. Certos papagaios de Aristóteles, Platão e Averróis, partindo da filosofia desses últimos são promovidos depois de ser teólogos, asseguram que este livro tem sentido metafórico. Assim, em virtude de sua metáfora, fazem significar tudo aquilo que lhe agrada, por ciúmes da filosofia na qual são educados.

TEÓFILO: O que nos permitiu apreciar a constância dessas metáforas é que a mesma Escritura está nas mãos de judeus, cristãos e muçulmanos. Essas divisões religiosas tão diferentes e contrárias, que dão nascimento a uma inumerável quantidade de outras, se opõem e se diferenciam mais ainda. Todas sabem encontrar a tese que elas preferem e melhor lhes convém. A tese não só diversa e diferente, mas é exatamente contrária, fazendo do sim um não e do não um sim, como por exemplo, quando diz que Deus fala com ironia.

SMITH: Nem vamos mais julgar esse pessoal. Tenho certeza de que pouco lhes importa se isto é ou não metáfora; não devemos temer que eles venham perturbar nossa filosofia.

TEÓFILO: Nada há a temer da censura dos espíritos honoráveis, religiosos verdadeiros, e também homens de bem, amigos da conversação civil e boa fortuna. Porque, após ter refletido, eles notarão que esta filosofia não apenas contém a verdade, mas que ela ainda favorece a religião bem mais do que as outras filosofias, como aquelas que desejam que o mundo se acabe, que termine o efeito e a eficácia da divina providência, a inteligência e natureza intelectual sejam só de oito ou dez. Querem essas filosofias que a substância das coisas seja corrupta, que a alma seja mortal, como se ela consistisse antes numa disposição acidental e resultasse de um caráter, de um temperamento, de uma harmonia suscetíveis de se dissolver. Querem que a justiça divina seja consequentemente de nenhum efeito sobre as ações humanas, que o conhecimento das coisas particulares seja inteiramente independente das causas primeiras e universais. Sem falar de um monte de outras teses inconvenientes, que não apenas obscurecem os luminares do intelecto como falsos, mas ainda atingem o fervor das boas intenções, incitando à negligência e à impiedade.

SMITH: Estou muito contente de ter essa informação da filosofia do Nolano. Todavia, voltemos a falar um pouco sobre as conversas com o doutor Torquato; estou certo de que não conseguiria superar em ignorância o Nundínio, tanto quanto o ultrapassa em presunção, temeridade e insolência.

FRULLA: Ignorância e arrogância são duas irmãs em um corpo e uma alma.

TEÓFILO: Tornando-as com um enfático aspecto, com o qual o *divum Pater* (Pai dos Deuses) vem descrito nas *Metamorfoses*, quando eles o veem no Concílio dos Deuses, para fulminar aquela severíssima sentença contra o profano Licaon, após haver contemplado o seu colar de ouro.

PRUDÊNCIO: *Torquem auream, aureum monile* (Sua corrente de ouro, seu colar dourado).

TEÓFILO: E para olhar de soslaio o peito do Nolano, em que seria possível notar a ausência de alguns botões, após ter-se levantado, retirado os braços da mesa sacudiu um 'pouco os ombros, arrumou o boné de veludo na cabeça, escovou o bigode, deu ao seu semblante perfumado uma expressão adequada, curvou as sobrancelhas, dilatou as narinas, apontou-nos os três primeiros dedos juntos da direita e começou a falar nesses termos: *Tune, ille philosophorum protoplastes?* (Seria você, por acaso, o protótipo dos filósofos?)

Súbito o Nolano, suspeitando um possível desvio a outros termos da discussão, interrompe com essas palavras: *Quo vadis, domine, quo vadis?* (Aonde vais, senhor, aonde vais?). E se eu fosse o protótipo dos filósofos? Se eu não me enfileirasse mais com a opinião de Aristóteles e de todos os outros filósofos do que eles se enfileirassem com a minha? Resultaria que a terra seja o centro imóvel do mundo? Mais paciente do que seu adversário, ele o exortava, com a maior paciência que possuía, a apresentar argumentos demonstrativos e plausíveis, de onde poderia ser tirado um raciocínio favorável aos outros protoplastos contra este novo.

O Nolano, voltando-se às adjacências, rindo com meio riso: "este homem não veio armado de razões e sim de palavras ocas, que morrem de frio e de fome. Tendo sido solicitado por muitos para que apresentasse argumentos, Torquato soltou essa frase: *Unde igitur stella Martis nunc maior, nunc vero minor apparet, si terra movetur.* (De onde veio então que o planeta Marte aparece tanto maior do que menor, se a Terra está em movimento?).

SMITH: Ó Arcádia, é possível que haja *in rerum natura* (na natureza) um médico e filósofo ao mesmo tempo.

FRULLA: E doutor e Torquato, portanto coleira....

SMITH: Que tenha podido extrair essa consequência. O que respondeu o Nolano?

TEÓFILO: Ele não se espantou com isso, mas respondeu que uma das causas principais pela qual a estrela de Marte parece maior ou menor, de vez em quando, é o movimento da Terra e de Marte, mais ainda do que a própria órbita, de onde vem que ora estejam mais próximos, ora mais longe.

SMITH: O que Torquato tem a acrescentar?

TEÓFILO: Ele logo perguntou sobre a proporção que é estabelecida entre os movimentos dos planetas e da Terra.

SMITH: E o Nolano teve paciência, diante de tanta presunção e grosseria? Não sacudiu os ombros e foi a casa e disse-lhe que havia chamado, que...?

TEÓFILO: Achou melhor responder que não veio para ler nem ensinar, mas para responder às perguntas; que a simetria, ordem e medida de movimentos celestes se pressupõe tal como é e foram conhecidas pelos antigos e modernos. Ele não quer discutir sobre a questão e não é para litigar contra os matemáticos para refutar suas medidas e teorias, nas quais ele crê e subscreve. A finalidade é a de discutir sobre a natureza e a verdade da causa desses movimentos.

Além disso, acrescenta o Nolano: se eu for investir meu tempo para responder a essa demanda, ficaremos aqui toda a noite sem debater e sem fundamentar as nossas pretensões contra a filosofia comum. Porque, tanto uns como outros admitimos todas as hipóteses, desde que se chegue a uma conclusão e explique a quantidade e a qualidade dos movimentos celestes, e, nesse ponto, estamos todos de acordo. Por que então iremos desgastar os miolos sobre essa questão? Vejam se das observações feitas e das verificações efetuadas poderemos inferir alguma coisa contra nós, após o que vocês tenham liberdade de proferir suas condenações.

SMITH: Bastaria dizer-lhe para não falar sobre o que não está em discussão.

TEÓFILO: Agora, aqui nenhum dos ouvintes era tão ignorante que, com o semblante e gestos não revelasse haver compreendido que era uma obra de alto nível: *aurat ordinis* (Ordem do Tosão de Ouro).

FRULLA: É isso mesmo: o Velocino de Ouro.

TEÓFILO: Entretanto, para complicar o problema, eles pediram ao Nolano para que explicasse o que ele queria defender, a fim de provocar o doutor Torquato para apresentar os argumentos dele. O Nolano respondeu que não tinha muita explicação e que se os argumentos dos adversários eram bem escassos, isto não era causado por defeito da matéria como até os cegos poderiam averiguar. Porém, ele confirmava que o universo era infinito e consiste numa imensa região etérea, em verdade, um verdadeiro céu, chamado "espaço", no seio do qual se encontra fixado, exatamente como a terra, um monte de astros. Assim como a lua, o sol e inumeráveis outros corpos situam-se nessa região etérea como a vemos de outro firmamento.

Não há de se acreditar na existência de outro firmamento, de outra base, de outro fundamento, sobre o que tomavam apoio esses grandes animais que concorrem à constituição do mundo, verdadeiro tema e infinita matéria de infinito poder divino atual. É isto que nos fez entender bem tanto os discursos regulados como as revelações divinas, segundo os quais se saberia dizer o número de ministros do Altíssimo, que o assistem aos milhares e o servem por centenas de miríades.

Esses são os grandes animais, dos quais muitos com sua clara luminosidade se tornam bem visíveis. Alguns deles são realmente quentes, como o sol e outros inumeráveis astros em fogo, enquanto outros são frios como a Terra, a Lua, Vênus e outras inumeráveis terras. Para se comunicar uns aos outros e receber um de outro o princípio vital, eles giram um em torno de outro, a certos espaços, com certa distância, como se vê claramente com os sete que giram em torno do sol, dos quais a Terra é um deles. Esta, movendo-se do lado chamado Ocidente para o lado chamado Oriente, no espaço de 24 horas dá a impressão de que o universo gira em torno dele, seguindo o movimento que se chama universal e diurno.

Essa imaginação é por demais falsa, antinatural e impossível, sendo que seja possível, conveniente, verdadeiro ou necessário que a Terra esteja em movimento em volta de seu próprio centro para receber a luz e trevas, dia e noite, quente e frio. Junto ao sol para a participação da primavera, do verão, do outono e do inverno. Do lado dos que são chamados pólos e pontos opostos do hemisfério, para que se processe a renovação dos séculos e a mudança do aspecto do globo, de tal modo que a aridez substitua ao mar, onde era tórrido seja frio, onde era trópico seja equinocial. Finalmente, todas as coisas mudam para nosso astro assim como nos outros astros, não sem a razão dos antigos e verdadeiros filósofos, chamados mundos.

Ora, enquanto o Nolano assim se exprimia, o Torquato gritava *ad rem, ad rem, ad rem* (aos fatos, aos fatos, aos fatos). No final o Nolano se pôs a rir e lhe disse que ele não argumentava nem lhe respondia, mas lhe fazia propostas. Por conseguinte: *ista sunt, res, res* (eis os fatos, eis os fatos). Cabia ao Torquato trazer alguma coisa *ad rem* (ao fato).

SMITH: Visto que esse asno pensava estar entre gente grossa e tola, acreditava que esses engolissem seu *ad rem* (ao fato), como argumento determinante. Assim um simples grito agitando sua corrente de ouro seria suficiente para satisfazer a multidão.

TEÓFILO: Escute só o que vem a seguir. Enquanto todos esperavam esse tão desejado argumento, eis que o doutor Torquato, dirigindo-se aos convidados, da profundidade da suficiência extraiu um provérbio erasmiano que fez tremer seus bigodes: *anticyrum navigat* (ele é louco).

SMITH: Um asno não poderia falar melhor, e quem frequenta o ambiente dos asnos não poderia ouvir outra coisa.

TEÓFILO: Creio que seja uma profecia, embora ele próprio não tenha compreendido o sentido. Será vaticinar que o Nolano andava fazendo provisão de helébro para curar os miolos arrebentados desses bárbaros.

SMITH: Se aqueles que estavam presentes, como eram cidadãos, tivessem mais cidadania, em vez de colar, dariam quarenta bordoadas no lombo, em comemoração do primeiro dia da quaresma.

TEÓFILO: O Nolano lhe disse que o doutor Torquato era louco e ele não, como fazia crer o colar no seu pescoço. Sem esse ornamento, certamente o doutor Torquato não seria mais caro do que suas roupas. Elas valem muito pouco se, à força de pancadas, não forem mostradas. E assim dizendo, levantou-se e saiu da mesa, lamentando que o Folco não contou com a presença de melhores participantes.

FRULLA: Esses são os frutos que a Inglaterra produz. Vocês podem procurá-los quanto quiserem mas só encontrarão doutores em gramática, nesses nossos dias. Na pátria feliz reina uma constelação de pedantismo obstinado e pretensiosa ignorância, misturada com rústica incivilidade, que atingiria a paciência de Jó. Se vocês acreditam, vão a Oxford e ouçam o que aconteceu ao Nolano quando este debateu publicamente com os doutores em Teologia na presença do príncipe polonês Laski e diversos nobres ingleses. Procurava conhecer a ignorância dos argumentos deles opostos ao Nolano, como aparece em 15 silogismos, esse franguinho fraco conforme provou, pobre doutor, que, como o corifeu da Academia nos fez tomar como adversário nessa grave ocasião.

Façam vocês contar a grosseria e a falta de cortesia desse porco diante da paciência e humanidade do outro interlocutor, que de fato mostrava ser napolitano nato e criado sob o céu mais benigno. Informem-se como o fizeram por um ponto final às suas leituras públicas, como também da *de immortalitate animae* (a respeito da imortalidade da alma).

SMITH: Quem dá perolas aos porcos não lamente se eles as refugam. Digam entretanto o seguimento da argumentação de Torquato.

TEÓFILO: Levantaram-se todos da mesa e houve alguns que em sua linguagem acusaram o Nolano de impaciente. Deveriam porém prestar atenção à bárbara e selvagem grosseria de Torquato e deles próprios. Todavia, o Nolano tem por hábito se sobrepor em cortesia aos que facilmente podem ser superados. Como se tivesse esquecido de todas as afrontas, disse amigavelmente a Torquato: "Não pense, irmão, que eu possa me tornar inimigo por causa de sua opinião. Muito ao contrário, sou tão amigo seu como de mim mesmo".

Desejo então que você saiba que antes de considerar minha tese como certa, eu a consideraria, alguns anos atrás, como curtíssima. Quando eu era mais jovem e de menor saber, a consideraria verossímil. Quando eu era principiante nas coisas especulativas a consideraria falsa, a ponto de me espantar que Aristóteles não só deixou de lado suas considerações, mas consagrou mais da metade de seu segundo livro *Do céu e do mundo*, esforçando-se para demonstrar que a Terra não se move. Quando eu era menino e destituído de espírito especulativo, considerava loucura essa tese. Pensava que estivesse posto adiante de matéria sofística e capciosa, e o exercício desses espíritos ociosos que desejar debater por passatempo; estes têm o hábito de demonstrar e sustentar que o branco é negro.

Eu não posso detestar vocês por esta razão, do mesmo modo que me detestava quando era mais jovem, mais infantil, menos sábio e de menor discernimento. Assim, em lugar de me irritar contra vocês, tenho pena de vocês. Peço a Deus que, como me concedeu essa graça, tornar vocês capazes de entender ao menos sua cegueira (se não lhes agrada abrir os olhos). E isto não será pouco para torná-los mais corteses e sensatos, e menos ignorantes e temerários. E ainda vocês deveriam gostar de mim, senão como aquele que são prudentes e mais velhos no presente momento, ao menos tal como fui mais ignorante e infantil, quando minha idade era ainda tão nova como a de vocês mais avançada.

Quero dizer que, embora nunca tenha sido tão selvagem, grosseiro e mal-educado como vocês nas conversas e debates, saibam que me aconteceu outrora de ser ignorante como vocês. Assim, considero que vocês são exatamente como eu fui e por isso dedico-lhes afeto e vocês não deverão odiar-me.

SMITH: A nossa discussão mudou de rumo e o que diremos disso?

TEÓFILO: Concluindo, todos eram companheiros de Aristóteles, de Ptolomeu e de numerosos outros filósofos de grande saber. O Nolano fez observar que há inumeráveis tolos, insensatos, estúpidos e ignorantíssimos, que nisso são companheiros não só de Aristóteles e Ptolomeu, mas também dos que são incapazes de compreender as ideias dele. Seu ponto de vista não é e não pode ser compartilhado por muitos, mas somente por homens divinos e sapientíssimos, como Pitágoras, Platão e outros.

Quanto à multidão, que se glorifica de haver filósofos no meio dela, peço que considere que pensando vulgarmente ela tem filósofos vulgares. Produziram uma filosofia vulgar. No que toca a vocês, que se alinham sob a bandeira de Aristóteles, desaconselho-os de se gabarem de haver entendido o mestre grego e penetrado no seu pensamento. É muito grande a diferença entre o fato de não saber o que ela não sabia e de saber o que ele sabia. Porque, onde esse filósofo parece ignorar, ele tem por companheiros não só vocês, mas todos os outros, como os barqueiros e estivadores londrinos. Quando esse homem sério se revela sábio e prudente, estou convencido de que ele deixa vocês para trás.

De uma coisa admiro profundamente: que tendo sido vocês convidados e comparecido aos debates, não tenham em momento algum apresentado bases para discussão nem argumentos capazes de me refutar ou refutar Copérnico. Não há portanto muitos argumentos e sólidas razões para apresentar objeções.

Torquato, como queria "tirar da cartola" a mais soberba das demonstrações, perguntou com augusta majestade: *Ubi est au solis?* (Onde está o apogeu do sol?). O Nolano respondeu que imaginasse esse apogeu que o agradava e concluísse alguma coisa, porque o apogeu se muda e não está sempre no mesmo grau de eclíptica: não pode imaginar com que propósito fez essa pergunta.

Voltou Torquato a perguntar a mesma coisa com outras palavras, como se o Nolano não tivesse sabido respondê-la. E o Nolano: *Quot sunt sacramenta Ecclesial? Est circa vigesimum Cancri, et oppositum circa decimum vel centesimum Capricorni* (Quantos sacramentos a igreja tem? O apogeu se encontra aos vinte graus de Câncer e no oposto de dez ou cem de Capricórnio). Ou está embaixo do sino de São Paulo de Londres?

SMITH: Você faz ideia da razão por que Torquato fez essa pergunta?

TEÓFILO: Para mostrar a esses ignorantes que eles não sabem debater e que ele, multiplicando os *quomodo, quare, ubi* (como, porque, onde), para tentar encontrar uma questão à qual o Nolano respondeu que não sabia nada mais do que estava sendo discutido. Esta interrogação sobre o apogeu do sol poder-se-ia concluir, em tudo e por tudo, que Torquato ignorava o que estava sendo discutido. A qualquer um que diz que a Terra se move em torno do sol, e o sol está fixo no meio desses planetas luminosos, se perguntar onde está o apogeu do sol, é o mesmo que perguntar onde está o apogeu da terra a um leigo no assunto.

A primeira lição que se ensina a quem quiser aprender a arte da argumentação é a de não procurar e questionar segundo os próprios princípios, mas pelos princípios adotados pelo adversário. Contudo, para esse grosso, tudo era a mesma coisa, porque assim teria sabido extrair argumentos das premissas apresentadas, tanto quanto daquelas que não foram apresentadas.

Terminadas essas discussões, os doutores começaram a discutir entre eles em inglês e quanto se tinham consultado por uns momentos, eis que surge sobre a mesa papel e caneta. O doutor Torquato estendeu uma folha em toda a sua extensão, pegou a caneta e traçou uma linha de um canto a outro da folha. No meio da folha desenhou um círculo e a linha, passando pelo centro formava um diâmetro. Em um dos semicírculos escreveu a palavra "Terra" e no meio da outra escreveu "Sol". Do canto da terra formou oito semicírculos, em que ordinariamente estavam os caracteres de sete planetas e em torno do último escreveu *Octava Sphaera Mobilis* (Oitava esfera móvel). Na margem superior escreveu Ptolomeu. O Nolano perguntou o que Torquato queria fazer com aquilo que até as crianças conhecem. Torquato respondeu: *Vide, tace e disce: ego docebo te Ptolomaeum et Copernicum* (Olhe, cale-se e aprenda: eu vou lhe ensinar Ptolomeu e Copérnico).

SMITH: *Sus quandoque Minervam.* (Os porcos, às vezes, parecem com Minerva).

TEÓFILO: O Nolano replicou que quando alguém escreve o alfabeto, mostra mal o método de querer ensinar a alguém que a conhece mais do que ele. Completando seu esquema, Torquato desenha em torno do sol, colocado no meio da folha, sete semicírculos com os mesmos símbolos. Escreveu em torno do último semicírculo: *Sphaera Immobilis Fixarum* (Esfera imóvel das estrelas fixas), e na margem inferior Copérnico. Passando em seguida ao terceiro ciclo, escolheu um ponto da circunferência, como um semicírculo, traçou a circunferência e pintou nesse centro o globo terrestre. A fim de que ninguém se enganasse pensando que aquele não fosse a Terra, escreveu em letras salientes: Terra. Num ponto da circunferência do epiciclo muito distante do meio desenhou o símbolo da lua.

Quando viu isso o Nolano exclamou que apareceu alguém a quem ele procurou ensinar alguma ideia que o próprio Copérnico desconhecia; antes seria melhor cortar o pescoço do que dizer aquilo. Porque o maior asno do mundo notaria que daquela posição se veria o diâmetro do sol igual a ele próprio e outras muitas conclusões se seguiriam. *Tace, tace* (Cale-se, cale-se) disse Torquato: *Tu vis docere Copernicum* (Você quer me ensinar Copérnico)? Eu não me incomodo com Copérnico, disse o Nolano e também pouco me importo com você. Eu me limito a dizer que, antes que você venha me ensinar outra vez, será preciso que você estude melhor a questão.

Os cavalheiros presentes demonstraram tanto interesse que trouxeram o livro de Copérnico. Olhando na figura, viram que a Terra não era descrita na circunferência da terceira esfera como a lua sobre a circunferência do epiciclo. É porque Torquato queria que o ponto situado no meio do epiciclo, na circunferência da terceira esfera, designasse a Terra.

SMITH: A causa do erro foi que o Torquato tinha examinado as figuras do livro sem ler os capítulos ou talvez os tivesse lido mas não compreendido.

TEÓFILO: O Nolano se pôs a rir e disse que aquele ponto não era nada mais do que um traço deixado pelo compasso quando ele desenhou o epiciclo da Terra e da lua que é exatamente o mesmo para uma e para a outra. Se vocês quiserem saber onde está a Terra, segundo a concepção de Copérnico, leiam o que ele escreveu. Eles leram e acharam que a Terra e a lua estavam no mesmo epiciclo, segundo as palavras deles. Eles ficaram ruminando na língua deles até que Nundínio e Torquato foram embora. Após haverem se despedido de todos, menos do Nolano. Este mandou alguém para saudá-los.

Os cavalheiros pediram ao Nolano para não se emocionar ante a descortesia grosseira e a temerária ignorância daqueles doutores, mas que tivesse pena da pobreza dessa pátria que ficou viúva das boas letras, no que tange ao domínio da filosofia e cálculos matemáticos, em que todos são cegos, como asnos atingidos pela cegueira, confundindo alhos com bugalhos, com corteses saudações, deixando-os se afastarem. Nós e o Nolano retornamos a casa, livrando-nos dessas habituais agressões. A noite era profunda, os animais enfurecidos, de chifres e cascos, não nos molestarão na volta como fizeram na ida, porque, tiveram longo repouso em suas estrebarias e estábulos em que se recolheram.

PRUDÊNCIO:

Nox erat, et placidum carpebant fessa soporem
Corpora per terras, syvaeque et saeva quierant
Aequora, cum médio volvuntur sidera lapsu,
Cum tacet omnis ager, pecudes, etc.

Virgílio

(Era a noite e em todo o universo os corpos cansados
do trabalho entraram na paz do sono, as florestas
e os mares bravios tinham obtido seu repouso,
na hora em que o astro rola no apogeu de seu curso,
quando toda a terra se cala, as bestas, etc.)

SMITH: Falamos bastante por hoje. Faça-me o favor, Teófilo, de voltar amanhã, porque quero maiores esclarecimentos sobre a doutrina do Nolano. A doutrina de Copérnico, embora cômoda para os cálculos, entretanto, não é segura nem expedita quanto às razões naturais, que são as principais.

TEÓFILO: Retornarei prazerosamente.

FRULLA: Eu também.

PRUDÊNCIO: *Ego quoque. Valete.* (Eu também. Até a vista.)

Fim do quarto diálogo.

QUINTO DIÁLOGO
Personagens: Teófilo – Prudêncio – Smith

TEÓFILO: Notem que as outras estrelas não estão mais fixas no céu, nem de maneira diferente do que a nossa estrela, que é a Terra. E não merece mais ser chamada "oitava esfera" na zona em que se situa a cauda da Ursa, que está numa mesma região etérea em que estamos nós, num grande espaço ou campo, esses corpos distintos e separados uns dos outros por certos intervalos apropriados. Vamos considerar a razão que fez atribuir sete céus aos planetas e um só a todos os outros astros.

Tendo constatado que sete estrelas têm um movimento variável, nesse caso todos os outros seguem um movimento regular e mantêm perpetuamente a mesma distância e a mesma regularidade. Isto fez parecer a todos haver um mesmo movimento, uma mesma localização, um mesmo orbe, e limitar a oito o número das esferas sensíveis sobre as quais todas as luminárias parecem pregadas.

Todavia, se nós obtivermos bastante luminosidade e disciplina mental para compreender que esse movimento universal parece se explicar pela rotação, se pela analogia com a situação de outros corpos celestes no meio da atmosfera, avaliaremos a situação de todos os outros corpos. Este é o primeiro inconveniente, o erro que gerou e logo gerará inumeráveis outros.

Assim ocorre este erro, como para nós, que do centro do horizonte, voltando os olhos para todas as partes, poderemos avaliar a maior ou menor distância que separa os objetos mais próximos ou que nos separa deles. Entretanto, a partir de um certo ponto, parecerão para todos igualmente distantes. Da mesma forma, para as estrelas do firmamento, olhando, notaremos a diferença de movimento e a distância de alguns astros mais vizinhos. Porém aqueles que estiverem mais longe ou muito longe, irão nos parecer imóveis, igualmente distantes e afastados na profundidade do espaço. Assim acontece com uma árvore mais próxima da outra, porque está num raio visual vizinho. Forma-se a impressão de que eles são apenas uma se os raios se confundirem. Portanto, haverá mais distância entre eles do que entre as árvores que a separam dos raios terá feito julgar bem mais afastados.

Eis porque se julga bem maior do que outra estrela, que, na realidade é bem menos. Ou bem mais afastada essa Estrela, que na realidade é bem mais próxima. Veja-se essa figura a seguir.

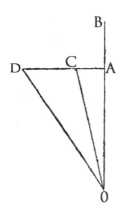

Para o olho 0, a Estrela A parece igual à Estrela B, ainda que ela fosse diferente, pareceria mais próxima. Entretanto, a Estrela C, que está situada num raio muito diferente, parecerá mais afastada, uma vez que ela está realmente muito mais próxima.

Então, se não nos parece que as estrelas afastadas se deslocam muito, se mostram que se afastam e se aproximam uma das outras, não é por estarem em rotação, da mesma forma que as estrelas próximas. Porque não há qualquer razão para que não aconteça a estas a mesma coisa que àquelas. Por isso, não se deve chamá-las de fixas sob pretexto de que elas estariam sempre à mesma distância de nós e uma das outras, mas porque o movimento delas não é percebível por nós.

Pode-se ver isso no exemplo de um navio muito afastado: se ele fizer um giro de trinta ou quarenta passos, parecerá que esteja parado num lugar, como se estivesse brecado. É assim que se deve calcular respeitando as proporções quando se trata de distâncias superiores, de corpos muito luminosos e de grande tamanho. Pode ser que um grande número (ou até um número incalculável) seja tão grande e brilhante como o sol, ou ainda mais. Por maior que eles sejam, sua rotação e seu movimento nos parecem invisíveis, de maneira que não se pode saber o que acontece a alguns desses astros aproximar-se mais ou menos.

Para se saber, seriam necessárias longas observações, que não foram nem realizadas nem completadas, porque ninguém acreditou em tal movimento, nem lhe dedicou pesquisas nem pressupostos. E ninguém entre nós ignora que para empreender uma pesquisa, é necessário saber e conhecer o que seja, ou seja possível e conveniente que isto seja proveitoso.

PRUDÊNCIO: *Rem acu tangis.* (Você acha justo.)

TEÓFILO: Essa divisão de corpos na região etérea era conhecida por Heráclito, por Demócrito, Epicuro, Pitágoras, Parmênides, Melissos, como testemunham os fragmentos que temos em mãos. Vê-se então percorrerem um espaço infinito, um infinito reservatório de inumeráveis mundos semelhantes aos nossos, que perfazem suas rotações como a terra perfaz a dela. Antigamente era chamada "etera", ou seja, corredores, viajantes, embaixadores, núncios da magnificência do Único e do Altíssimo, encarregados de obter por uma harmonia, a ordem constitutiva da natureza, espelho vivo da divindade infinita. É uma cega ignorância que tirou o nome de etera para atribuir certas quintessências, nas quais, como tantos pregos foram fixadas estas lanternas e luminárias.

Esses corredores têm por princípio intrínseco de movimento sua própria natureza, a própria alma, a própria inteligência. Porque o ar fluído e sutil não é suficiente para colocar em movimento máquinas tão grandes e tão compactas. Para elas seria necessário, para se moverem, uma força atrativa ou impulsiva, ou alguma força semelhante, que não se faz sem o contato de pelo menos dois corpos, um impelindo numa das extremidades e outro sendo impelido na outra.

O certo é que todas as coisas movidas dessa forma admitem um princípio de movimento seja contrário, seja exterior à natureza que lhe seja própria, isto é, violento ou, pelo menos, não natural. É então conveniente à comodidade das coisas existentes, que são bem perfeitas, que este movimento seja natural devido a um princípio interno e a uma propulsão específica, que não venha a bater contra alguma resistência. Isso convém a todos os corpos que se movem sem contato sensível com outro corpo que o impulsiona ou o atrai.

Entretanto, contrário de afirmar que o ímã atrai o ferro, o âmbar a palha, o esmalte a pena, o sol o heliotrópio. Diremos antes que o ferro é dotado de um tipo de sentido despertado por força espiritual emitida pelo ímã, que o move para o âmbar. De maneira geral, tudo que manifesta desejo e privação é impelido para a coisa desejada e se converte nela o quanto seja possível, querendo ocupar o mesmo espaço. Por isso se considera que nenhuma coisa se move por princípio extrínseco sem contato com uma força superior à resistência do móvel. Eis aqui o que é necessário compreender, para poder compreender também a solene estupidez da ideia – inadmissível para um pensamento bem regrado segundo o qual a lua força o movimento das águas do mar, provocando assim as marés; faz crescer o estado de espírito, fecunda os peixes, enche as ostras e provoca outros efeitos. Porque, em todos esses casos, a lua é realmente um sinal e não uma causa.

É um sinal e um índice, repito, porque se observarmos esses fenômenos com ligação a certas disposições, da mesma forma que observamos fenômenos contrários em ligação com disposições contrárias ou diferentes, procede da ordem e correspondência das coisas e as leis de uma mutação, as quais, estão em conformidade e correspondência uma com a outra.

SMITH: A ignorância dessa distinção provém de erros semelhantes, de muitos maus livros, desses encontrados no "sebo", que nos ensinam um monte de filosofias estranhas. Essas coisas são sinais, circunstâncias e acidentes chamadas de causas. Entre essas inépcias, uma das mais majestosas consiste em pretender que os raios perpendiculares, inclinando segundo um ângulo agudo, provocam maior frio. Trata-se aqui de um acidente do sol, que é a verdadeira causa disso, segundo o que se mantém mais ou menos sobre a Terra. Raios refletidos ou diretos, ângulos agudos e obtusos, linhas perpendiculares, incidentes ou horizontais, arcos maiores ou menores, variedade e diversidade de aspectos são circunstâncias matemáticas e não causas naturais. Outra coisa é jogar com a geometria, outra é demonstrar com provas físicas que não são as linhas e os ângulos que fazem arder mais ou menos de calor, mas a proximidade e o afastamento, os dias mais ou menos prolongados.

TEÓFILO: Você entendeu isso muito bem. Veja como uma verdade esclarece outra. Porém, para concluir minha teoria, se esses enormes corpos foram movidos do exterior por outra coisa e não ser o bem que eles desejam e para o qual são inclinados, o movimento seria violento e acidental. Ainda que eles fossem dotados dessa força, que é chamada não-reativa, a verdadeira não-reativa é a natural. E a natural, queira ou não, é um princípio intrínseco, que por ele próprio conduz a coisa ao lugar conveniente.

Em qualquer outra hipótese diferente da nossa, o motor extrínseco não poderá movê-los sem desgaste, ou então, será supérfluo e totalmente desnecessário. Se você quiser considerar como necessário, será então preciso apontar a causa eficiente de ser deficiente em seus efeitos, e desarrumar a alta nobreza dos motores, aplicando a eles os móveis muito mais vis.

É como fazem aqueles que atribuem as ações de formigas e de aranhas, não à sua prudência e habilidade, mas às infalíveis inteligências divinas das quais lhes viriam, por exemplo, impulsos chamados "instintos naturais", ou outros atributos designados por vozes sem sentimento. Porque, se você perguntar a esses sábios o que é esse instinto, eles só saberiam repetir um instinto, ou empregar algum outro termo tão indeterminado e estúpido quanto esse instinto, que quer dizer princípio instigador, expressão muito comum, para não falar de sexto sentido, de razão ou de intelecto.

PRUDÊNCIO: *Nimis ardue quaestiones*! (Eis aqui questões bem árduas!).

SMITH: Só se for para aqueles que não querem entender, mas que querem obstinadamente acreditar no que é falso. Retornemos porém ao nosso assunto. Eu saberia o que responder a eles que acham difícil que a terra se mova, dizendo que é um corpo tão grande, tão compacto e tão pesado. Gostaria de ouvir a resposta, ao modo de vocês, porque noto que vocês estão meio resolutos na argumentação.

PRUDÊNCIO: *Non talis mihi*. (Não é esta a impressão que você me dá).

SMITH: Porque você é uma besta.

TEÓFILO: O meu modo de responder consiste em fazer observar que se poderia dizer a mesma coisa da lua, do sol e de outros corpos de grande tamanho e incalculável número. Nossos adversários querem que eles circundem velozmente a Terra, com giros desmedidos. Acham grande coisa que a Terra em 24 horas gire em torno de seu centro, e em um ano em torno do sol.

É necessário saber que nem a Terra nem outro corpo sejam absolutamente pesados ou leves; nenhum corpo no seu lugar é pesado ou leve. Essas diferenças e essas qualidades não pertencem aos corpos principais do universo, aos indivíduos particulares e perfeitos, mas a outros. Elas valem para as partes que estão separadas do conjunto, como se fossem peregrinas, viajantes. Essas partes se dirigem para o local de sua conservação, tal como o ferro do ímã. Não é de maneira determinada para baixo, para cima ou à direita, mas para o local em que elas se encontram, não importa onde.

As partes da Terra se dirigem da atmosfera para nós, porque é onde se encontra sua esfera. Se essa esfera estivesse colocada na parte oposta elas se afastariam de nós, invertendo seu curso. Da mesma forma acontece com as águas e também com o fogo. A água, no seu lugar, não é pesada e nem pesa sobre o que está no fundo do mar. Os braços, a cabeça e outros membros não pesam sobre o próprio peito. Nenhuma coisa constituída naturalmente provoca ato de violência no seu lugar natural. Não se vê nas coisas que têm um certo impulso, com o qual são forçadas a parar num lugar conveniente para elas.

Todavia, é absurdo dizer que um corpo é naturalmente pesado ou leve, enquanto estas qualidades não convêm às coisas que se acham em sua constituição natural, mas às que estão fora dela. O que jamais poderia acontecer a uma esfera, mas às vezes às suas partes que não se orientam para este ou aquele lugar determinado por nós, mas sempre para o lugar em que se encontram sua própria esfera e o centro de sua conservação.

Por conseguinte, se havia sobre a Terra outra espécie de corpo, as partes da Terra se afastariam naturalmente desse lugar por um movimento ascendente. Se havia alguma chama de fogo, para falar na expressão comum, sobre a concavidade da lua, ver-se-ia o fogo se elevar rapidamente a partir da convexidade da Terra. Assim a água desce até o centro da Terra, se lhe for dado espaço, da mesma forma como ela sobe do centro da terra à superfície.

De forma semelhante, o ar se move com a mesma facilidade para qualquer lugar, com igual facilidade. O que quer dizer então pesado ou leve? Não vemos a chama, de vez em quando ir abaixo e outros lados e acender um corpo útil ao seu sustento e conservação? Portanto, todo lugar e movimento natural encontram facilidades. É fácil, para o que é naturalmente imóvel ficar fixo no seu lugar, da mesma forma que é fácil para as coisas móveis se lançarem nos espaços que lhe são convenientes.

De igual maneira a movimentação deles seria violenta e contrária à natureza delas, como também seria violenta e contrária à natureza deles sua fixação no espaço. Nenhuma dúvida, consequentemente, que de acordo com a natureza da Terra em ser fixa, sua movimentação seria violenta, difícil e contra a natureza. Contudo, quem pensou dessa forma? Quem defendeu essa ideia e a provou? A ignorância comum, a falta de senso e de razão.

SMITH: Entendi isso muito bem: que a Terra no seu lugar não é mais pesada do que o sol no lugar dele, e os membros de corpos principais, da mesma forma que as águas, quando eles estão em suas próprias esferas. Se eles estivessem separados se dirigiriam de todos os lados para suas esferas. Também poderíamos dizer, por nosso lado, que seja tanto pesado como leve, ou tanto leve como pesado ou indiferentes. Assim diremos também dos cometas e outros corpos inflamados que lançam as chamas a lugares opostos. O ar que os envolve e o firmamento dos corpos esféricos pode sair de toda parte, entrar em toda parte, penetrar em tudo, difundir-se em tudo. Entretanto, é vão o argumento que explica ser a terra fixa por sua natureza de corpo pesado, denso e frio.

TEÓFILO: Louvo a Deus, que tornou vocês capazes de compreender, como vocês estão provando. Estão compreendendo o princípio que lhes permita responder aos vigorosos argumentos dos filósofos vulgares. E vocês traçaram profundas considerações sobre a natureza.

SMITH: Antes que venham outras perguntas, gostaria agora de saber como diremos que o sol é o verdadeiro elemento do fogo, o primeiro dos corpos quentes e que ele se mantém imóvel no meio daqueles corpos errantes, entre os quais notamos a Terra. Porque me vem à mente uma ideia: o movimento do sol é mais verossímil do que o dos outros corpos visíveis aos nossos sentidos.

TEÓFILO: Diga por quê! Qual é a razão?

SMITH: As partes da Terra ficam fixas ou o que seja, por natureza ou por violência, não se movem. Assim também as partes fora do mar, dos rios e outros recipientes vivos permanecem sem movimento. As partes do fogo, entretanto, quando não podem se elevar, como por exemplo, quando estão retidas na concavidade dos fornos, voltam-se e rodam sem que ninguém as possa deter. Se quisermos então tirar algum argumento e fé das partes, o movimento convém mais ao sol e ao elemento do fogo do que à terra.

TEÓFILO: A isso eu respondo, primeiro, que se poderia desde então admitir uma rotação do sol em torno dele mesmo, mas não em torno de outro centro que não seja o dele. Porque basta que todos os corpos que estejam à sua volta se movam em torno dele na medida que seja necessário, ou talvez ele próprio se incline para eles. Em segundo lugar, deve-se considerar que o elemento do fogo ao primeiro corpo quente que seja tão pesado como a terra e formado de membros e partes diferentes. Todavia, o fogo que vemos se mover da maneira que você fala, é ar incandescido, que chamamos chama. Da mesma forma se chama vapor esse mesmo ar quando for alterado pelo frio da terra.

SMITH: Eis aí o meio que encontro, para confirmar o que estou dizendo, porque o vapor se move de forma tardia e lenta. O movimento da chama e das exalações é muito rápido. E porque o ar que é mais parecido ao fogo parece ser mais móvel do que o ar que parece mais a terra.

TEÓFILO: É que o fogo se esforça mais em fugir de uma região que tem mais afinidades naturais com o corpo dotado de qualidades contrárias. Da mesma forma, se a água ou o vapor se encontravam na região do fogo, ou em um lugar semelhante, eles fugiriam mais rápido do que a exalação. Esta participa, em certa medida, do fogo e tendo ele mais afinidade natural do que contrariedade e diferença.

Basta ter isso, porque da intenção do Nolano não encontro nenhuma determinação acerca do movimento ou da inércia do sol. Quanto a este movimento que nós vemos na chama quando ela está retida e contida na concavidade dos fornos, vem da virtude do fogo em perseguir, alterar, acender e mudar o ar vaporoso, do qual ele se nutre e aumenta, enquanto o vapor bate em retirada da frente do inimigo de seu ser e sua perfeição.

SMITH: Você falou de ar vaporoso, mas o que você diria do ar puro e simples?

TEÓFILO: Este não está mais sujeito ao calor do que ao frio. Ele não recebe e não absorve mais umidade quando este vem engrossado pelo frio do que de vapores e exalações, quando a água se evapora pelo calor.

SMITH: Como não há nada na natureza que não obedeça a uma providência e uma causa final, gostaria que você me esclarecesse, porque, por aquilo que você me falou, isto se pode perfeitamente entender, qual é a causa do movimento local da Terra?

TEÓFILO: É para renovar e renascer que este corpo está em movimento. Sua exata disposição não pode ser perpétua. Da mesma forma que as coisas não podem se perpetrar segundo o número, assim como se diz comumente, perpetuam-se segundo a espécie, as substâncias que não podem se perpetuar sob o mesmo aspecto vão mudando progressivamente na aparência. Porque a matéria e a substância das coisas é incorruptível. Devem estas estar sujeitas, em todas as partes que elas contêm, às suas formas.

Em todas as partes que ela pode conter, de tornar-se tudo, de ser tudo, senão em um mesmo instante e tempo da eternidade sucessiva e alternadamente. Ainda que a matéria seja capaz, na sua totalidade, possa assumir todas as formas juntas, pelo outro lado, todas as formas juntas não podem ser assumidas por cada parte da matéria.

Assim, como não está na ordem das coisas que morra e se dissolva a massa inteira de que se compõe nosso globo, nosso astro, e como é impossível que sua natureza seja reduzida a zero, de tempos em tempos, com certa ordem, ela vai-se renovando, alterando todas as suas partes. Essa operação deve ser efetuada de maneira regrada, cada uma tomando o lugar de todas as outras. Sem essa operação, esses corpos, que são indissolúveis, se dissolveriam, como é o caso desses animais particulares e subalternos que somos nós.

Como acha Platão no Timeo, ao contrário, o primeiro princípio declarou a esses corpos: vocês são dissolúveis, mas não serão dissolvidos. Acontece porém que não há no centro e interior da estrela que não se dirija à circunferência e fora dela.

Nem também de fragmento periférico e exterior que não deva às vezes penetrar intimamente e permanecer no interior.

A experiência cotidiana nos demonstra isto: há coisas que a terra recebe no seio e nas suas entranhas e outras coisas as elimina. Nós próprios e com nossas coisas vamos e vimos, passamos e retornamos. Nada nosso existe que não se torne estranho, e não há coisa estranha que não se torne nossa. Não participamos de nada que não deva participar às vezes. Segundo um só gênero de pertencer, se a matéria das coisas é uma, segundo dois gêneros haverá duas matérias.

Isto porque não estabeleci se a substância e a matéria que se chama espiritual se muda para a que é considerada corporal, e reciprocamente, ou se não for o caso. Assim todas as coisas de seu gênero têm suas vicissitudes de domínio e de servidão, da alegria e de infelicidade, desse estado chamado de vida e desse que se chama morte, da luz e das trevas, do bem e do mal. Não há ordem natural das coisas que não tenha algo de eterno, exceto a substância material, que, de acordo com a mesma ordem das coisas, deve estar em contínua mutação.

Sem falar, no momento, da substância suprassubstancial, retornemos a raciocinar particularmente deste grande indivíduo, que é nossa perpétua mãe e nutriz, de quem você me pediu para falar sobre o movimento dela. E digo que a causa do movimento local, não só do conjunto, mas de cada uma das partes, tem por causa final uma alternativa que não somente faça ocupar os seus lugares, mas que permita também todas as disposições e formas. É conveniente dizer que se considerou o movimento local como princípio de todas as mutações e de todas as formas. É que não pode haver outro a não ser este.

Aristóteles notou essa mutação segundo as disposições e qualidades que estão presentes em todas as partes da Terra. Todavia, ele não compreendeu o movimento local, que é o princípio. Entretanto, no fim do primeiro livro de suas *Metamorfoses*, ele falou como se fosse profeta e adivinho. Embora ele próprio, às vezes, se confunda, seguindo um pensamento, claudicando e misturando sempre alguma coisa do próprio erro ao divino furor, alguma coisa de seu erro pessoal, ele diz frequentemente a verdade sobre o essencial. Lembremo-nos então do que é verdadeiro nessa questão e digno de ser levado em consideração. Apontaremos em seguida que ele próprio não pôde conhecer.

Nem sempre, disse ele, as mesmas regiões da Terra são úmidas e secas; elas mudam segundo a formação e a disposição dos cursos d'água. Assim, onde se encontrava e se encontra o mar, nem sempre foi e será encontrado. Destarte, o que foi e é o mar, nem sempre foi e será o mar; o que será e foi terra, não é, nem foi sempre terra. Porém, com alguma alternativa, determinado círculo e ordem, é de se acreditar que, onde está um estará o outro e onde estiver o outro, estará um.

Se você perguntar a Aristóteles o princípio e causa disso, ele responde que "o interior da terra, como o corpo das plantas e dos animais atinge a perfeição e depois envelhecem". Há porém uma diferença entre a terra e esses outros corpos. Porque é na totalidade de suas partes, em um mesmo tempo, que eles se desenvolvem, se aperfeiçoam e entram em decadência, ou, segundo a expressão de Aristóteles, eles secam e envelhecem. Para a Terra, essa mudança afeta cada parte, alternativamente, a sucessão de frio e de calor, provocando crescimento e diminuição, seguindo o sol e o movimento de rotação que conferem às partes da Terra suas diversas constituições físicas e virtudes.

Em certo tempo secam e envelhecem, enquanto outros encontram vida e tornam-se úmidos em certas partes. O resultado é que vemos as fontes secarem, os pequenos cursos d'água transformarem-se em poças e os grandes diminuírem, para finalmente secarem. Esse desaparecimento dos cursos d'água tem como consequência necessária a eliminação das lagoas e a transformação dos mares.

Como, entretanto, esses acontecimentos afetam a Terra progressivamente e com muita lentidão, é difícil para nós observá-los no espaço de uma ou várias gerações. Porque as nações inteiras caem fora do tempo e no esquecimento, muitas degradações e mutações se produzem, devido à destruição, ao despovoamento, à guerra, às epidemias e às inundações, à alteração das línguas e escrituras, às migrações e à esterilidade dos solos. Isto se deu antes que pudéssemos conservar desde sua origem até seu termo, a lembrança desses eventos, durante tão longos séculos agitados de formas diversas.

Essas grandes mutações são observadas muito bem no antigo Egito, às portas do Nilo, que são feitas pela mão do ser humano, salvo a embocadura de Canopo, na cidade de Mênfis, onde as partes baixas foram ocupadas depois das altas. Em Argos e Micena, porque a Argólida era, no tempo dos troianos, pantanosa e poucos viviam nela, Micena era mais considerada por ser mais fértil. Hoje, porém, muito ao contrário, Micena sendo inteiramente seca enquanto Argus é temperada, tornou-se muito fértil. Como acontece nesses lugares pequenos, devemos pensar de forma semelhante sobre grandes e inteiras regiões. Da mesma forma vemos agora transformadas em continente.

Dessa maneira, regiões que antes eram banhadas pelo mar, hoje estão transformadas em continentes enquanto outras ficaram cobertas pelo mar. Vemos essas mutações acontecerem pouco a pouco, como aquelas que foram ditas. Elas foram atestadas pela corrosão, a grande distância do mar, e de altas montanhas que parecem mostrar, há pouco tempo, a impetuosidade das ondas. Sabemos também pela história de Felix, o mártir Nolano, que na sua época, há mil anos mais ou menos, o mar próximo aos muros da cidade, onde se ergueu um templo ao qual deram o nome de Porto, que se encontra hoje a mil passos.

Não se observa a mesma coisa em toda a região de Provença? Todas as peças esparsas nos campos não mostram que, outrora, foram roladas pelas vagas? Você crê que o clima da França não mais mudou desde a época de César? Naquele tempo não se podia cultivar a vinha em parte alguma. No presente momento, a França, a exemplo de outros países, nos envia vinhos deliciosos, e até nas partes mais setentrionais recolhem-se os frutos da vinha. Neste mesmo ano, chupei uvas colhidas nos jardins de Londres, mas de uma qualidade jamais alcançada em terra inglesa.

Assim então o mar Mediterrâneo deixa mais secas e mais quentes a França e as diversas partes da Itália, como pude constatar com meus próprios olhos, à medida que ela se inclina para a Líbia. O clima está cada vez mais quente na Itália e na França, enquanto é temperado na Inglaterra. De maneira geral, devemos concluir que as regiões mudam de aspecto em virtude da diminuição da temperatura, à medida que se vai para o polo Ártico.

Pergunte a Aristóteles: "Por que isso acontece?" Ele responde: "do sol e do movimento circular". E diz de forma menos confusa e obscura do que divinas, profundas e muito verídicas. Mas como? Talvez seja própria de um filósofo. Não, é mais de adivinho, ou então de um homem que compreendia sem ousar dizer. Pode ser um homem que vê mais não crê no que vê, ou, se ele crê, hesita em dizer, de medo de ser constrangido a dar explicações que ele não conseguirá dar.

Ele apresenta fatos, mas de maneira a calar quem quisesse saber mais, ou então, se trata de maneira de falar própria de filósofos da antiguidade. Ele diz então que o calor, o frio, o seco, o úmido, crescem e minguam em todas as partes da Terra, ou todas as coisas se renovam e adquirem consistência, envelhecem e falecem. Querendo encontrar a causa disso, ele se exprime nesses termos: *propter solem et circumlationem* (por causa do sol e da rotação). Para que então não diz: *propter solis circumlationem* (por causa da rotação do sol?). Porque era um fato estabelecido por ele, fato admitido por todos os filósofos de seu tempo e de seu estado de espírito, que o sol não podia, com seu movimento, provocar aquela diversidade.

Na medida em que a eclíptica declina do plano equinocial, o sol devia eternamente se encontrar entre os dois pontos dos trópicos, de onde a impossibilidade de ser esquentada a outra parte da Terra, e a eternidade das zonas e dos climas no mesmo estado. Por que Aristóteles não disse que por causa do movimento circular os outros planetas? Porque estava já estabelecido que nos seus deslocamentos, eles ficavam todos no interior dos limites do zodíaco, que se designa como o caminho frequentado pelos astros errantes. Por que não disse que era a causa da rotação do primeiro móvel? É porque ele não conhecia outro movimento a não ser o movimento diurno e que em sua época não se acreditava num movimento de atraso semelhante ao dos planetas.

Por que não disse que era por causa da rotação do céu? Porque não poderia dizer qual e como essa rotação poderia ser, nem como ela poderia acontecer. Por que não disse que era por causa da rotação da Terra? É porque ele tinha quase como um princípio suposto que a Terra fosse imóvel. Por que, então, disse tudo isso? É porque foi forçado pela verdade, que se faz entender por seus efeitos naturais.

Sobram então, como causas possíveis o sol e o movimento. Eu digo o sol porque ele é o único a comunicar a virtude vital. O movimento também, porque a deslocação do sol para outros corpos, ou de outros corpos para o sol, como se poderia receber o que ele não tem ou dar o que ele tem? É então necessário que ele tenha movimento que não seja parcial, mas que provoca a renovação de certas partes, vem, pela mesma razão renovar outras, dotadas da mesma natureza e condição. Assim, da mesma potência passiva, deve corresponder a potência ativa, se a natureza não fizer uso de maus processos.

Com isso porém vemos muito mais razões para conceber o movimento do sol e o conjunto de estrelas em volta de nosso globo, do que conceber o contrário: ou seja, que nosso globo gire perante o universo, fazendo sua rotação de um ano em torno do sol, se volte e se incline de várias maneiras para ele de todos os lados como para o elemento vivo do fogo. Não há razão alguma para se supor que os inumeráveis astros, que são tantos mundos, às vezes, maiores do que o nosso, tenham com a Terra e ela só uma forte relação, e sem que haja para isso um fim previsto e alguma urgente necessidade. Nós não temos qualquer razão de preferir dizer que o polo trepide, que o eixo do mundo vacile, que os pontos cardeais do universo percam o equilíbrio, que a inumerável multidão dos globos, os maiores e magníficos que forem, sejam agitados por sobressaltos. E ainda que ela se entorte, se volte, se contorça, se fragmente tanto e tão bem, sem consideração com a natureza, que a Terra termine de maneira bem melancólica, como podem demonstrar aqueles que fazem prova da sutileza em ótica e geometria para ocupar o lugar central, sob o pretexto de que ela é o único corpo pesado e frio.

Não se pode portanto provar que esse corpo difere de qualquer outro corpo brilhante no firmamento, nem quanto à sua substância e matéria nem quanto à maneira em que ele se situa. Porque, se ele pode estar intimamente ligado ao ar em que se encontra fixado, esses outros corpos podem ter uma ligação muito íntima com o ar que nos envolve. Se eles têm em si próprios os meios, como impelidos por sua alma e natureza, podem girar em torno de um centro, perfurando o ar, a Terra pode fazer a mesma coisa.

SMITH: Peço-lhe, consideremos que este ponto seja alcançado daqui para frente. Porque, por minha parte, acho que é necessário acreditar na necessidade do movimento da Terra. De outra parte, para aqueles que não compreenderam a questão, vale melhor anunciar como seu aspecto principal dirigi-lo por modo de digressão. Se você quiser me agradar, procure logo identificar os movimentos que convém ao nosso mundo.

TEÓFILO: Com todo prazer. Porque minha digressão teria diferenciado demais minha conclusão: a que eu queria tirar do fato que é necessário, e confirmado que todas as outras partes da Terra ocupam alternadamente todas as posições em relação ao sol e entram com ele em todas as relações, assumindo assim todas as aparências e todas as formas de ser.

Ou então, é conveniente e necessário, para esse fim, que o nosso globo se mova de maneira a permitir por certa alternativa que o mar seja ocupado pela terra firme e vice-versa. Os lugares mais habitáveis e temperados devem ser substituídos pelos lugares menos habitáveis e temperados, e vice-versa. Em suma, que cada parte participe com o sol em todas as relações que eles tem com os outros, a fim de que cada um participe de cada forma de vida, de geração, de felicidade. Assim, para viver e fazer viver o que ele contém, para provocar um tipo de respiração por alternância cotidiana do calor e do frio, de luz e de trevas, a Terra gira primeiro em torno de seu próprio centro, no espaço de 24 horas iguais, expondo suas costas ao sol, na medida do possível.

Em segundo lugar, para regenerar as coisas que vivem e se dissolvem sobre suas costas, ela efetua com seu centro uma rotação em torno do corpo luminoso do sol, em 365 dias e um quarto. Anuncia assim, dos quatro pontos da eclíptica, a geração, a adolescência, a maturidade e o declínio das coisas que ela transporta.

Em terceiro lugar, para que se renovem os séculos, ela participa de outro movimento, que confere ao hemisfério inferior da Terra a relação que tem com o universo nosso hemisfério superior, em sucedendo ao outro nesta relação. Em quarto lugar, para que se transformem os aspectos e aparências da Terra, outro movimento ainda lhe é necessário, tal como a orientação do pico norte da Terra para o ponto próximo do Ártico se troque com o pico sul para o ponto oposto do norte do polo Antártico.

O primeiro movimento se mede pelo retorno sobre ele próprio ou quase um ponto da linha equinocial da Terra. O segundo movimento é medido pelo retorno sobre ele próprio, ou quase, de um ponto imaginário da eclíptica, ou seja, do giro da Terra em torno do sol. O terceiro movimento é medido pelo retorno à posição que ela ocupava, relativamente ao universo, de uma linha hemisférica da Terra, representando o horizonte, ou uma linha proporcional. O quarto movimento é medido pela progressão de um ponto polar da Terra, que, passando por outro polo sem se desviar de um meridiano, retorna ao lugar que ocupava antes. É necessário notar, a este respeito, que se nós distinguimos quatro movimentos, eles se unem todos num movimento composto.

Considerem que destes quatro movimentos conclui-se que todas as coisas parecem girar em volta da Terra no espaço de um dia natural, acima do que são chamados os polos do mundo. O segundo tende ao que o sol parece efetuar em um ano do zodíaco, percorrendo cada dia, segundo Ptolomeu na terceira parte de sua obra *Almageste*, 59 minutos, 8 segundos, 17 terços, 13 quartos, embora Copérnico e Afonso de Castela tenha adotado outras medidas. O terceiro movimento se volta à oitava esfera, segundo a ordem dos sinais, parece se mover tão lentamente sobre os polos do zodíaco, no sentido contrário ao movimento diurno, que ela não percorre mais do que um grau e 28 minutos em 200 anos. Dessa maneira serão precisos 49 mil anos para realizar sua rotação. É a uma nona esfera que se atribuiu o princípio de tal movimento.

O quarto movimento se sujeita à trepidação, adiante e atrás, atribuída à oitava esfera sobre dois ciclos iguais, que se imaginava na concavidade da nona esfera, ponto de origem de aríete e libra do seu zodíaco. Acredita-se que vem daí a necessidade de considerar que a eclíptica da oitava esfera não corta sempre o círculo equinocial nos mesmos pontos, mas a interseção se situa ora na cabeça ora além do Carneiro, de uma e de outra parte da eclíptica. Por via de consequência, observa-se que as grandes declinações do zodíaco não são sempre as mesmas. Segue-se necessariamente que os equinócios e os solstícios variam continuamente, como é observado há muito tempo.

Observem que, ainda que distinguíssemos quatro movimentos, é de se notar que todos se unem em um movimento composto. Em segundo lugar, ainda que se chamem circulares, nenhum deles é verdadeiramente circular. Em terceiro lugar, é em vão que se desdobram e se desdobrarão os esforços para encontrar a verdadeira regra desses movimentos, porque nenhum é realmente regular, nem suscetível de ser polido pela lima da geometria. Há portanto quatro movimentos, e não se saberia como haver mais nem menos. Entendo, por isso, as diferenciações na mudança local, afetando a Terra, e a irregularidade de um provoca necessariamente a mudança dos outros. Quero mostrar, dessa maneira, descrevendo o movimento de uma bala lançada no ar.

O centro da bala se desloca a princípio de A em B (figura). Em segundo lugar, com seu centro de alto a baixo, ou de baixo para o alto, ela gira um torno de seu próprio centro, fazendo passar o ponto I ao lugar do ponto K e o ponto K ao lugar do ponto I. Em terceiro, voltando-se pouco a pouco e avançando em progressão e velocidade de rotação, não aumentando ou diminuindo e reduzindo, (como acontece com a bala que subindo a princípio graças à sua velocidade superior, vai abrandando em seguida seu curso e faz, ao contrário, voltando abaixo, depois de ter percorrido velozmente as etapas intermediárias de sua ascensão e descida, ela substituirá a posição que ocupa a primeira metade da circunferência, designada por 1, 2, 3, 4, e a outra metade 5, 6, 7, 8).

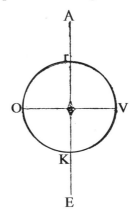

Em quarto, essa conversão sendo rigorosa (pois que no lugar de se realizar como se fosse uma roda, que corre com o ímpeto de um círculo, no qual tem o momento de gravidade, mas se faz de forma oblíqua, como se tratasse de um globo que pode facilmente se inclinar de todos os lados). Os pontos I e K não se convertem sempre um no outro com o mesmo rigor. O que é necessário é que cedo ou tarde, por uma marcha contínua, sem interrupção, se faça um movimento, no fim do qual o ponto vá ocupar do ponto V e vice-versa.

Basta que um desses movimentos não seja regular para que nenhum dos outros seja regular: ignorar um é ignorar os outros. Entretanto, é seguindo uma certa ordem que eles se aproximam ou se afastam da regularidade. Assim, o mais regular desses diferentes movimentos, o mais próximo de uma grande regularidade é o do centro. Em seguida vem o movimento que se faz em torno do centro, ao longo do diâmetro, com maior rapidez. Segue em terceira posição aquele que, com a regularidade do segundo, que consiste em aceleração ou abrandamento da velocidade, transforma pouco a pouco o aspecto do hemisfério. O último muito irregular e muito incerto, é o que transforma os lados.

Porque acontece que, em lugar de andar para frente, anda para trás, e é com muita inconstância que termina por trocar dois pontos opostos. Igualmente acontece com a Terra: o primeiro desses movimentos é aquele do seu centro; é o mais regular de todos, e mais do que os outros fica igual a si mesmo. O segundo, menos regular, é o movimento diurno. O terceiro, irregular, é o movimento hemisférico. O quarto, muito irregular, é o movimento polar.

SMITH: Eu gostaria de conhecer a ordem e a regra que seguirá o Nolano para nos fazer compreender esses movimentos.

PRUDÊNCIO: *Ecquis erit modus? Novis usque semper indigebimus theoriis?* (Não se vai observar uma justa medida. Não será necessário para nós recorrermos sem cessar a novas teorias?)

TEÓFILO: Não tenha medo nem dúvida, Prudêncio, de concluir nosso tetrálogo, porque do bom velho não iremos desgastar coisa alguma que ele tenha de bom. Quanto a você, Smith, eu o farei chegar ao diálogo do Nolano que se chama *Purgatório do Inferno*. Nele você verá o fruto da redenção. E você, Frulla, guarde segredo a respeito de nossas conversas. Evite que elas cheguem aos ouvidos dos que se sentirem mordidos, a fim de que eles não se voltem contra nós e nos deem ocasião de ter que investir contra eles e piorar a situação. Você, mestre Prudêncio, chegue a uma conclusão a respeito de nosso tetrálogo, ou seja, conversa a quatro, para um epílogo estritamente moral. Porque a ocasião especulativa para a qual o *Banquete da quarta-feira de cinzas* forneceu o pretexto, ela já encontrou a conclusão.

PRUDÊNCIO: Eu te suplico, Nolano, pelas esperanças que você oferece na unidade suprema e infinita que o vivifica e que você tanto ama. Pelas inumeráveis divindades que o protegem e que você honra. Por seu próprio gênio divino, este defensor em que você coloca toda confiança, para evitar debates ignóbeis e vis, indignos e bárbaros, de modo que impelido pela raiva ou aversão, você não se torne o que são o satírico momo entre os deuses e o misantropo Timon entre os homens. Mantenha-se nas boas graças do ilustre e generoso Senhor de Mauvissère, esta alma das mais ilustres, sob os auspícios do qual você empreende a publicação de uma tão majestosa filosofia. Graças à sua eficácia intermediada, talvez você será guiado pelos astros e pelas mais poderosas divindades até um ponto em que lhe seja permitido observar de longe semelhante bando de brutos.

Quanto a vocês, Cavalheiros de Alta Nobreza, eu lhes peço pelo cetro do fulgurante Júpiter, pela legendária cortesia das Priamides, pela mesma magnanimidade do senado e do povo de Quirino pelo néctar de que se nutrem os deuses em seus festins, acima da fervente Etiópia. Se determinarem os deuses que para seguir vocês, agradá-los ou prestar serviços, o Nolano virá passar uma noite entre vocês, a fim de garanti-lo contra semelhantes encontros.

Se for necessário varar a noite com vocês é uma pena não poder lhes dar uma escolha de cinquenta ou cem tochas, que não lhes farão falta, já que a marcha se fará em pleno dia. Se ele vier a morrer em terra católica romana, faça-o ao menos acompanhar por um carregador. Ou então, se for muito para seus olhos, emprestem-lhe uma lanterna com uma vela dentro, a fim de que seu feliz retorno nos inspire para fazer amplos comentários, já que desta vez não se falou nada.

Adjuro vos (Invoco vocês), Doutores Nundínio e Torquato, que o pasto dos antropófagos, pelas serpentes desmesuradas do Laoconte, pelas chagas de São Roque, para que chamem, nem que seja do abismo profundo e devesse ser o Dia do Juízo, o grosseiro e bárbaro pedagogo que se encarreguem da educação de vocês. Lembrem-se também do asno e ignorante que lhes ensinou a arte dos debates! Faça-os pagar com juros o dinheiro, o tempo e os miolos que fez vocês perderem seus remos nas ondas do orgulhoso Tâmisa pelo respeito devido a Eveno e Tiberino, que deram o nome a dois rios famosos, e pela vasta sepultura de Palinure celebrada pelo poeta, eu os invoco para nos conduzir a bom porto em troca de dinheiro. E vocês outros selvagens mercenários, cruéis guerreiros da baixa plebe, sejam invocados pelos carinhos que dera a Orfeu, pelo último serviço que os cavalos prestaram a Diomedes e ao irmão de Semele e pela virtude do escudo de Cefeo.

Quando vocês perceberem forasteiros e viajantes no caminho de vocês e se não quiserem impedi-los de fazer caretas como as Fúrias, sigam ao menos meus conselhos, abstendo-se espancá-los. Enfim, eu os invoco todos juntos, uns pelo escudo de Minerva, outros pela generosa descendência do cavalo de Tróia, outros pela venerável barba de Esculápio, outros pelo tridente de Netuno, outros belos beijos que deram a Glauco os cavalos dele: dialoguem melhor da próxima vez, ou então façam silêncio.

Fim do "Banquete da Quarta-feira de Cinzas"